新时代思想政治教育话语体系创新研究

靳思远◎著

RESEARCH ON INNOVATIVE DISCOURSE SYSTEM OF
IDEOLOGICAL AND POLITICAL EDUCATION IN THE NEW ERA

ZHEJIANG UNIVERSITY PRESS
浙江大学出版社
·杭州·

图书在版编目（CIP）数据

新时代思想政治教育话语体系创新研究 / 靳思远著
. --杭州：浙江大学出版社，2024.8
ISBN 978-7-308-24851-8

Ⅰ.①新… Ⅱ.①靳… Ⅲ.①高等学校-思想政治教
育-研究-中国 Ⅳ.①G641

中国国家版本馆 CIP 数据核字(2024)第 078971 号

新时代思想政治教育话语体系创新研究

靳思远　著

责任编辑	曲　静	
责任校对	朱梦琳	
封面设计	雷建军	
出版发行	浙江大学出版社	
	（杭州市天目山路 148 号　邮政编码 310007）	
	（网址：http://www.zjupress.com）	
排　　版	浙江大千时代文化传媒有限公司	
印　　刷	广东虎彩云印刷有限公司绍兴分公司	
开　　本	710mm×1000mm　1/16	
印　　张	14.25	
字　　数	197 千	
版 印 次	2024 年 8 月第 1 版　2024 年 8 月第 1 次印刷	
书　　号	ISBN 978-7-308-24851-8	
定　　价	68.00 元	

目　录

INTRODUCTION

| 导　论 |

党的十八大以来，党中央高度重视并系统推进我国话语体系建设，围绕话语体系是什么、怎么样、为谁建构、如何建构等问题，提出了一系列具有原创性、时代性的重大思想观点，为新时代思想政治教育话语体系的创新提供了理论指导。为深入贯彻落实党中央决策部署，特别是贯彻落实习近平总书记在哲学社会科学座谈会上重要讲话精神，思想政治教育学人和思想政治工作者应适应时代和实践的发展，推动新时代中国思想政治教育话语体系的创新发展。当前，理论界与实务界围绕思想政治教育话语问题进行了积极的学理观照与实践探索，"思想政治教育话语体系"逐渐成为国内学界关注的热点问题，并形成诸多创见。但总体来看，已有研究对思想政治教育话语体系的基础性研究、整体性研究、创新性研究略显薄弱。新时代的实践发展对思想政治教育话语体系提出了更高的时代性要求。因此，在新的条件下推动思想政治教育话语体系创新发展的重要性与紧迫性日益凸显，但思想政治教育话语体系创新发展的重要性与紧迫性并不等同于现实性。必须以高度的理论自觉与实践自觉打通话语体系，打破紧迫性与现实性之间的屏障，从理论与实践、历时与共时、宏观与微观、学术与生活、民族与世界、思想政治教育学科话语与其他学科话语等融合视角出发，审视新时代思想政治教育话语体系创新问题。

第一节　研究背景及意义

新时代思想政治教育话语体系创新是兼具理论性、实践性、时代性的问题。该论题是在新时代的时代境遇之中顺应话语体系创新发展而提出的新表述,有着鲜明的学科特点与时代特征,对其进行系统深入研究有着重要的理论意义与实践价值。

一、研究背景

党的十八大以来,以习近平同志为核心的党中央高度重视哲学社会科学及其话语体系建设问题,并将哲学社会科学的重要性上升到坚持和发展中国特色社会主义的高度来加以认识。习近平总书记曾针对加强国际传播能力这一问题明确要求,"创新对外宣传方式,加强话语体系建设……增强在国际上的话语权"①。在哲学社会科学座谈会上的重要讲话中,习近平总书记六次谈到话语体系问题,并对哲学社会科学话语体系的重要性、存在的问题以及如何构建话语体系等问题进行了重要论述。话语体系既彰显一个国家与民族学术原创能力,又体现一个国家与民族哲学社会科学的特色、风格与气派,还关乎哲学社会科学解读实践与构建理论的话语权问题。一句话,推进话语体系创新发展有着重要的理论意义与实践价值。没有话语的崛起和话语体系的创新发展就不可能有中华民族的伟大复兴。需要指出的是,推动话语体系创新发展,不断增强话语权,这不仅仅是某一学科的责任,从应然上讲,这是我国哲学社会科学的"共同性议题""集体性责任"。作为中国特色社会主义教育事业中最具中国特色、中国风格、中国气派的学科,思想政治教育肩负着立德树人,培育时代新人,厚植人们精神家园,增强人民群众获得感,维护国家安全的重

---

① 中共中央文献研究室.习近平关于全面深化改革论述摘编[M].北京:中央文献出版社,2014:85.

要使命。对于思想政治教育而言,推进话语体系创新发展是兼具重要性、紧迫性、现实性的课题。

(一)价值必然:时代新人的理念彰显

培养什么人,是教育的首要问题。党的十九大基于我国所处的新的历史方位提出全新的人才培养目标——担当民族复兴大任的时代新人。从应然和实然的双重视界来看,全新的时代境遇、特殊的历史使命对人才培养的核心素养和综合素质都提出了新的更高的要求。中国特色社会主义进入新时代,面对新的时代境遇,明确提出培育时代新人的时代命题是回应时代和实践发展对人才培养需求的体现。在马克思主义的理论视野中,话语既是为人的存在,也是属人的存在。话语体系既是系统性传授思想政治教育学科知识的重要载体,也是整体性表达思想、彰显核心价值理念的特殊工具。作为传播马克思主义理论之光的思想政治教育话语,对于培育时代新人有着重要价值。思想政治教育要在新的历史条件下肩负起培育时代新人的使命,不断满足时代新人的美好生活需要,特别是美好精神生活需要,不断提升教育对象的思想政治素质,就必须更新教育理念,创新思想政治教育话语言说内容,优化思想政治教育话语言说方式,以兼具深刻性与大众性、经典性与时代性、理论性与生活性的话语对言说对象进行思想价值引领。沈壮海指出:"话语的背后是思想,是'道'。"① 新时代,思想政治教育话语言说主体要用内蕴深刻之道的话语来丰富言说对象的精神家园,特别是要以承载了马克思主义中国化最新成果之"道"的创新话语来铸魂育人,提升思想政治教育对象的精神生活质量,更好地培育时代新人。

(二)逻辑应然:主要矛盾的逻辑转换

新时代我国的"社会主要矛盾已经转化为人民日益增长的美好生活

---

① 沈壮海.建设具有自己特色的学术话语体系[N].光明日报,2016-7-1(2).

需要和不平衡不充分的发展之间的矛盾"①。话语是思想政治教育有效性发挥的重要中介,思想政治教育要在新的时代境遇中满足人民群众日益增长的美好生活需要,如若依靠传统的话语内容与言说方式能够实现吗?答案当然是否定的。每一个时代都会生成这一时代的特有话语。思想政治教育要在新时代继续发挥好"生命线"的作用必须以新的话语内容与言说方式为言说对象释疑解惑,必须以更具通约性的话语凝聚人民群众关于国家发展、社会进步的共识,必须以更有魅力的话语体系提升人民群众对于国家发展、社会进步的认同,必须以更具获得感的话语体系激活人民群众的主体性与创造性,必须以更有黏性的话语体系维系个人与国家、社会之间的精神纽带与情感纽结。无论思想价值引领,凝聚思想共识,还是促进个体精神生活发展,厚植人们精神家园,这些都确定无疑指向了话语体系的创新发展问题。据此可洞见,推进思想政治教育话语体系的创新发展是我国社会主要矛盾发生转变的逻辑应然。

二、研究意义

哲学社会科学作用的发挥离不开话语体系的建设。创新话语体系是当代中国哲学社会科学面临的公共性、普遍性议题,对于具有中国风格、中国气派且实践性极强的思想政治教育学科而言,创新话语体系不仅有利于凝聚人民精神力量、丰富人民精神生活、厚植人民精神家园,而且可以为推进国家治理体系和治理能力现代化提供深厚的话语支撑。因此,立足新时代的历史方位推进思想政治教育话语体系的发展就成为一个新的时代课题。著名学者郑永年认为:"中国经历了巨大的经济和社会转型……这一系列的深刻制度变革,需要学者们来解释、提升,加以概念化和理论化,从而创建出基于中国经验的社会科学体系。"②新时代推进思想

---

① 习近平. 决胜全面建成小康社会 夺取新时代中国特色社会主义伟大胜利——在中国共产党第十九次全国代表大会上的报告[M]. 北京:人民出版社,2017:11.

② 郑永年,杨丽君,徐勇,等. "如何构建中国特色哲学社会科学体系"(笔谈之一)[J]. 文史哲,2019(1):5-6.

政治教育话语体系的创新发展既是学科发展的内在规定性要求,也是思想政治教育适应我国社会发展、发挥自身作用的客观需要,更是科学解释新时代思想政治教育实践、增强思想政治教育话语权的题中应有之义。

(一)有助于促进思想政治教育学科内涵式发展

话语体系之于学科,有着特殊的意义。话语体系是一定学科发展的表征,彰显着学科发展的成熟度。但话语体系并不仅仅是学科发展的被动表征,其也具有相对独立性,这种独立性表现在生成的话语体系会对学科发展产生一定的反作用。不同学科依据知识门类、研究领域与研究对象的不同,形成了自己特定的学科话语,没有自身专属话语的学科是伪学科。对于学科而言,话语既是学科之间相互区别开来的重要标识之一,也是某一学科得以存在和赓续发展的重要基础。就思想政治教育学科与其话语体系的关系而言,思想政治教育话语体系不仅反映了本学科的存在价值与发展状况,表征着思想政治教育的研究旨趣,彰显着思想政治教育的核心价值,而且其本身还具有推动理论创新、实践发展的不容忽视的重要功能。因此,推动话语体系创新发展对于促进学科高质量发展有着特殊的意义与价值。自1984年设立思想政治教育专业以来,思想政治教育学科在教材建设、课程建设、队伍建设、人才培养等方面取得了很大成绩,但学科发展也存在不足与短板,例如话语体系的工作启动较晚、进展缓慢,距离"'构建成体系的学科理论和概念'的要求还有较大差距"①。而推动思想政治教育话语体系的创新发展是破解研究中概念、范畴、术语、表述简单嫁接、机械移植困境,推动学术研究科学化、规范化的必然路径,是推动学科内涵式发展的内在规定性要求。

(二)有助于思想政治教育更好地肩负起立德树人的根本使命

思想政治教育是一门实践性极强的学科。思想政治教育的形成和发展来源于实践并服务实践。思想政治教育的根本任务在于立德树人。立

---

① 张耀灿.坚持为人为学统一 促进优良学风形成[J].思想教育研究,2016(7):3.

德树人既是育人的逻辑起点,也是育人的价值归宿,贯穿于育人的全过程。思想政治教育是研究做人的工作、提高人的思想政治素质、促进人的全面发展的科学,显然,做人的工作离不开作为思想直接现实呈现的思想政治教育话语。思想政治教育话语体系是系统性传授本学科知识的重要载体,也是整体性表达思想、彰显核心价值理念的特殊工具。思想政治教育话语体系的价值在于通过学科知识体系的传授,使思想政治教育话语内含的知识、思想以及特定价值为社会成员所认知内化,并外化为自身的自觉行动。在此意义上,思想政治教育学科与思想政治教育实践对于思想政治教育话语体系有一定的依存性,思想政治教育话语体系越是科学、系统、完善,思想政治教育话语就越有学术传播力与话语影响力,对思想政治教育实践中的问题就越有阐释力,对哲学社会科学的其他学科就越有借鉴力,思想政治教育就越能发挥学科作用,从而更好地厚植人们的精神家园,肩负起立德树人的根本使命。

第二节　研究现状

对当前思想政治教育话语体系的相关研究成果进行爬梳是展开新时代思想政治教育话语体系创新论题的前提与基础。纵观古今,环视全球,人类对话语问题的思考与研究由来已久。古今中外的诸多著述学说都蕴含着丰富的话语思想,但对思想政治教育话语问题加以研究并聚焦形成学术热点却是在 21 世纪的中国。国外哲学社会科学基于不同研究视野与研究旨趣对话语展开了研究,产生了多学科视野下的话语研究成果,并形成了关于话语的诸多学派,批判审视国外有关话语的研究成果对我国新时代思想政治教育话语体系创新研究具有一定启示意义。

一、国内研究现状

聚焦中国知网(CNKI)收录的有关思想政治教育话语体系研究的期

刊论文、硕博学位论文以及国家图书馆收录的图书资源,思想政治教育话
语体系的研究主要聚焦于以下三个论域:"基础理论"研究、"重点问题"研
究、"转换创新"研究。

(一)关于思想政治教育话语体系的"基础理论"研究

主要包括话语的内涵与功能、话语权的要素与本质以及话语体系的
内涵与内容三个研究向度。

1.思想政治教育话语的内涵与功能研究

思想政治教育话语内涵主要有"目的说"和"交往说"两种观点。第一
种是"目的说"。侯丽羽、张耀灿认为,思想政治教育话语是作为主体的言
说者基于一定目的的关于思想观念、政治观点等教育的一种特殊的语言
符号实践,这种特殊的语言符号实践指向特定言说对象。他们还提出思
想政治教育学术话语、生活话语等基本形态,并分析了话语的层次结构。
这种观点实质上是基于特定立场与视野的话语"需要论"阐释。[①]　第二种
是"交往说"。邱仁富将思想政治教育话语视为言语符号的实践,并强调
了其交往、说服、宣传等功能,突出了该言语符号实践的主体间性。[②]　还有
人认为思想政治教育话语是内容内化渗入话语对象以及提升思想政治教
育话语交往实践实效性的关键一环,作为具有一定承载性与传导性的话
语要致力于"交往行为",是主体间交往展开的介体;并认为要提升话语运
用的灵活性与整合性来建构主体间交流的平等与共在模式,提升话语主
体在交往时的共在程度,优化话语主体的共在性场域。关于思想政治教
育话语的功能研究,学者们从哲学、建构主义等不同视野出发对这一问题
进行了分析。李宪伦等认为,思想政治教育话语具有指向、转向、创新的
三大功能。但这一观点并未详细阐释话语功能的具体内涵、相互关系以
及功能划分的理论依据。元林等分析了语言学对话语功能阐释的不足之

---

① 侯丽羽,张耀灿.论思想政治教育话语的三种基本形态[J].马克思主义研究,2018
(12):143.

② 邱仁富.思想政治教育话语创新论[J].电子科技大学学报(社科版),2010(5):96.

处,认为思想政治教育话语不仅具有描述、阐释、传递等传播功能,还从建构主义的视角分析讨论其有设置议程、理论宣传、价值认同、建构信仰与价值等建构性功能。① 邓黎、张澍军认为,思想政治教育话语渗透在人类社会生活领域的各个方面,既对宏观国际社会,也对微观社会个体产生影响,具有辩护、引导和规范三大基本功能,并对以上三大功能予以学科本源、基础与目的的功能定位。② 许苏明认为,思想政治教育理论是一种话语论述,并基于社会建构功能的视角肯认了思想政治教育话语在社会认同、社会关系、知识体系以及信仰体系中的重要作用。③

2. 思想政治教育话语权的要素与本质研究

关于思想政治教育话语权的构成要素主要有"两要素说""三要素说""四要素说",其中"两要素说"和"三要素说"中话语权构成要素的具体表述也存在一定差异。如张艳新认为,思想政治教育话语在活动实践中内蕴着真实的权力关系,同时基于主体的视角认识话语权利,突出话语权利的教育主体拥有的言说与行为权利,彰显其话语自由与平等色彩,提出思想政治教育话语权为话语权力与话语权利两要素的统一。④ 有学者将话语权阐释为在一定话语实践中特定阶级所拥有的理论说服力、话语震撼力,所产生的思想影响力和价值引领力,并在与意识形态领导权、管理权关系的把握中分析了话语权,并讨论了三者之间的关系。⑤ 邱仁富区分了内在与外在的思想政治教育话语权,认为政治权力占据支配地位,是外在权力系统的核心层,并比较了中西方权威话语。而内在权力主要包括两

---

① 元林,段海超.思想政治教育传播话语的建构功能及实现路径[J].高校理论战线,2012(9):50-52.

② 邓黎,张澍军.论思想政治教育话语体系的基本功能[J].思想政治教育研究,2018(2):39-43.

③ 许苏明.论思想政治教育的话语转换[J].东南大学学报(哲学社会科学版),2014(2):5.

④ 张艳新.论思想政治教育话语权的运作逻辑[J].思想教育研究,2017(12):60-64.

⑤ 秦志龙,王岩.意识形态领导权、管理权、话语权关系研究[J].宁夏社会科学,2017(6):17-21.

个向度,从静态向度看,有话语内部系统赋予的权力,从动态发展的向度看,还包括在话语交往实践过程中动态生成的权力。① "三要素说"中侯勇从理论、学科以及工作的视角和层面对话语权的结构进行了分析,认为话语权主要涵盖理论话语的主导力、学科话语的引领力和工作话语的管控力三个方面。② 白立新从传播内容、传播主体和传播渠道三个基本要素出发,讨论了话语权的三个基本要素:话语主题、话语队伍与话语平台。"四要素说"中侯惠勤认为话语权包括"提问权、论断权、解释权、批判权等基本权力"③。

　　关于思想政治教育话语权的本质研究主要有"思想领导说"和"影响控制说"。第一种是"思想领导说"。侯惠勤认为,话语权就是有力掌握、赢得思想领导权的重要实现路径。④郑永廷认为,思想政治教育学科话语权就是"权力"与"能力"两者的统一,具体而言,权力的维度意指坚持社会主义方向,能力的维度意指促进人的发展。虽然不能将思想政治教育话语权与思想领导权两者视为互译、互释与互相代替的,但明确指出在很大程度上,思想政治教育学科话语权的获得就是思想领导权的论争与获得,并进一步在学科主导权与学科话语权关系的分析框架中讨论了话语权的重要价值。⑤ 第二种是"影响控制说"。秦志龙、王岩认为,话语权从根本上来看应该是话语的影响力,这是一种"软权力",并主张从"法权利"、"硬权力"、隐形的"软权力"三个层次出发,科学认识、准确把握话语权。李庆华等主张从社会关系的视角出发来认识话语权,明确提出思想政治教育话语权从根本上来看可以理解为一种社会关系,这一重要的社会关系体

---

① 邱仁富.论思想政治教育话语的基本命题[J].济南大学学报(社会科学版),2010(2):69-74.

② 侯勇.权力话语与话语权力:思想政治教育话语权建构与转型[J].理论与改革,2016(3):133-137.

③④ 侯惠勤.意识形态话语权初探[J].马克思主义研究,2014(12):5-12.

⑤ 郑永廷,曹群.坚持思想政治教育学科的话语权与主导权[J].思想理论教育,2015(3):45-48.

现了控制、支配与被控制、被支配的结构性关系。① 张艳新从软控制与软统治的视野对话语权予以阐释,但其强调了这种软控制的本质是以人为本。闫彩虹等从思想价值的引领视角出发,把握思想政治教育话语权的重要影响,认为从本质上讲,话语权就是价值主导权与价值引领权,他们在解释话语权本质的同时特别肯认与强调了话语权的要旨在于以人为本。②

3.思想政治教育话语体系的内涵与内容研究

思想政治教育话语体系的内涵主要有"总和说""表达方式说""主体性说"等。"总和说"认为思想政治教育话语体系是一定符号、价值与言说方式的总和。李辽宁认为,思想政治教育话语体系的生成与发展是在党的领导下实现的,同时离不开广大思想政治教育工作者的理论自觉与实践活动,是在长期的理论创新与实践发展过程中建构而来的。③ 张国启提出了话语体系的"表达方式说",认为话语体系实际上是一种基本表达方式。思想政治教育学科话语体系要有所作为就要肩负起传播主流核心价值的任务,就要在时代主题中有力在场,就要在多元文化的交流、交融与交锋中出场并展示自身应有的影响力。④ 还有人认为,要从主体性的视角审视话语体系,思想政治教育话语体系的主体性包括两个维度内涵:其一,要发挥教育者和教育对象的创造性,立足中国问题,总结中国经验。其二,原创性强调要用中国话语讲清楚、讲好中国故事。还有人认为,思想政治教育话语体系是一种有机话语结构整体,但这一论述并未明确指

---

① 李庆华,李志飞.论思想政治教育话语权[J].教学与研究,2016(7):89-94.

② 闫彩虹,孙迎光.我国思想政治教育话语研究热点及展望——基于 CNKI 中 CSSCI 的文献计量分析[J].社会主义研究,2020(2):159.

③ 李辽宁.论中国特色思想政治教育话语体系的传承与创新[J].学校党建与思想教育,2013(10):30-32.

④ 张国启,王忠桥.论思想政治教育学科的话语体系及其转换维度[J].学校党建与思想教育,2014(1):11-14.

出这一有机话语结构整体的构成要素。①

　　关于思想政治教育话语体系的内容，严书翰认为，对话语体系的把握要突破言说内容与言说方式等表面，深入到更深层次予以认识，他认为话语体系不只是"说什么"与"怎么说"的问题，从根本上说要特别观照话语体系背后所传播的真理、所强调的价值、所注重的思想。② 李辽宁认为，思想政治教育话语体系的内容来源主要有四个方面，一是马克思主义经典著作的话语体系。二是中国共产党思想政治工作的实践经验。中国共产党在领导革命、建设、改革的不同时期积累了丰富的思想政治工作经验，寓丰于约，产生了如"支部建在连上""党指挥枪""生命线""物质文明与精神文明""中国特色社会主义"等话语。三是中国优秀传统文化。思想政治教育与一定的历史文化密切相关，因此，不能离开一定的历史文化来认识思想政治教育话语体系。思想政治教育话语体系自觉或不自觉地根植在社会的历史文化之中。例如"因材施教""和谐社会""以人为本"等等。四是相关学科的理论借鉴。思想政治教育学者从哲学、教育学、心理学等借鉴了诸如主体、客体、教育者、受教育者、认同、动机、精神动力等话语。③陈金龙认为，新时代话语体系重点就在于中国特色社会主义道路、理论、制度、文化的建构。④ 高鑫以学科发展历程、肩负的任务以及学科发展的规律为依据，提出了思想政治教育话语体系的三大构成要素。其中学科话语群主要由基本概念、基本术语、基本原理等构成，教学话语群主要由教材话语、教案话语、讲授话语等构成，宣传话语群主要由政治热词、政府工作报告以及大众媒体中蕴含思想政治元素的话语集合而成，并从解释、掌握、运用规律的划分出发对话语体系的结构进行了分析。⑤

①　葛红兵.思想政治教育话语体系研究[M].北京：中国文史出版社，2016：23.
②　严书翰.加强我国哲学社会科学话语体系建设要遵循规律[J].党的文献，2016(4)：48.
③　李辽宁.论中国特色思想政治教育话语体系的传承与创新[J].学校党建与思想教育，2013(10)：30-32.
④　陈金龙.中国特色社会主义话语体系的建构[N].中国社会科学报，2019-9-3(8).
⑤　高鑫.思想政治教育话语体系结构探析[J].思想教育研究，2017(3)：25-30.

(二)关于思想政治教育话语体系的"重点问题"研究

1.关于思想政治理论课话语体系研究

李萌认为,加强高校思想政治理论课建设需要关注诸如组织队伍、制度建设等方面,而在建设坐标中话语体系建设是关键。① 卢文忠根据话语内容性质以及来源划分了高校思想政治理论课话语体系内在结构的七种话语类型。② 有人认为,思政课话语体系理应依据时代发展与目标进行调整,可以从话语主体、原则、内容、对象、难点五个方面推动话语体系的创新与转型。③ 还有人对思政课话语体系的困境展开了研究,认为影响高校思想政治理论课教育教学工作实效性的问题主要有话语形式发展滞后、话语内容空洞唯理、话语表达方式一言堂等。据此,增强话语的人文关怀,注重向实践话语转换,构建对话式话语范式,是破解以上诸多困境的有效路径。

2.高校思想政治教育话语体系的相关研究

从教育对象的本位观出发审视高校思想政治教育话语体系是又一研究视角。如王金伟指出,高校思想政治教育需要赢得国际社会和国内民众对中国道路的认可,这是高校思想政治教育的重要内容。大国方略课程主要是培养学生运用中国的话语体系来传播中国声音、展示中国形象。大国方略课程教学以问题为导向,主要采用问题解析式的教学方式,通过问题意识的培养进而讲好中国故事,让大学生认同中国道路与中国话语,从而掌握高校思想政治教育理论课的话语权。④ 倪瑞华认为,改革开放以

---

① 李萌.正确认识高校思想政治理论课话语体系建设的重大意义[J].思想理论教育导刊,2017(1):78-81.

② 卢文忠.高校思想政治理论课话语体系的结构形式及其优化[J].中国高等教育,2017(11):29-31.

③ 马晓.高校思想政治理论课话语体系转型浅析[J].郑州大学学报(哲学社会科学版),2015(6):18-20.

④ 王金伟.基于"大国方略"课程教学模式的高校思想政治理论课话语体系研究——以上海大学实践探索为例[J].思想教育研究,2016(1):48-51.

来,高校思想政治理论课的不断创新发展实现了思想政治教育话语形态由独话向对话的转换。① 杨飐对高校思想政治教育话语体系的困境与对策展开了研究,认为当前大学生价值观呈现出多元化、生活化、现代化、自我化等新特点,凸显出高校思想政治教育话语体系现存的滞后性问题。对此,需要观照环体、导体、主体、客体、介体等要素,重构导向、加工、动力、调节、反馈等系统,进而推动高校思想政治教育话语体系创新发展。② 胡永嘉等指出,高校思想政治教育话语体系有其自身特点,应针对性地分析青年话语的新特征,进而对其进行有效运用,要巧妙艺术性地将主流话语与青年话语相融合,提升话语交往实践的有效性,从而引导学生成长为德才兼备、全面发展的人才。③

3. 网络思想政治教育话语体系的相关研究

互联网是思想政治教育的新空间与新场域,网络具有虚拟性,但也极具现实性。网络不仅仅是现实世界的延伸和反映,还对现实实践具有反作用。学界对网络思想政治教育的话语体系问题展开的研究论题主要有网络流行语与思想政治教育话语创新、重构与优化网络思政话语体系等方面。王延隆认为,青年的网络话语空间日渐释放,同时比较分析了主流话语对于青年基础语言的构建和青年自身的话语表达等两种不同类型的青年话语体系。④ 刘爱玲认为,要以制度为核心,重构网络思想政治教育工作机制,以技术为手段,重构网络思想政治教育话语体系,以精神文化为要义,重构网络思想政治教育场域环境。⑤

---

① 倪瑞华.由独话到对话:高校思想政治理论课教学话语体系的重建[J].国家教育行政学院学报,2012(10):47-50.

② 杨飐.大学生价值观变迁视野下的高校思想政治教育话语体系构建[J].思想教育研究,2017(12):70-73.

③ 胡永嘉,聂伟,马志伟.结合当前青年话语特点改进高校思想政治话语体系建设[J].中国领导科学,2017(8):34-37.

④ 王延隆.网络流行语与思想政治教育的话语变革[J].中国青年研究,2015(3):77-81.

⑤ 刘爱玲.互联网视域下思想政治教育场域的转换与重构[J].思想理论教育导刊,2020(6):135-138.

（三）关于思想政治教育话语体系的"深化创新"研究

学界主要是从话语的言说方式、学科视野话语转换、高校思想政治教育话语以及思想政治理论课话语转换等几个研究向度展开思想政治教育话语体系转换研究。中国人民大学刘建军教授认为，思想政治教育话语转换就是"教育者根据时代背景和教育情境的特点和要求，根据受教育者的需要和习惯，调试和改变自己原有的话语方式"①。他进一步指出，思想政治教育话语转换主要有两种，一是内容本身转变引起话语转换，二是内容本身没有发生大的改变的情况下，出于教育教学的需要而实行的话语转换。刘建军教授强调，第二种转换相对于第一种更重要，需要我们特别予以关注。② 他认为思想政治教育话语转换的基础就在于三个层次：话语娴熟、思想透彻、思维圆融。③ 张国启从学科原理的视角出发，分析讨论了原理话语体系转换的过程中必须不断凝练和优化其学术话语、政治话语和大众话语，并通过创设情境、激发情感、提升理性等方式增强其影响力。④ 并强调，思想政治教育学科的话语转换要在话语思维、话语指向和话语功能等基本维度上下功夫。⑤ 新媒体技术的飞速发展给思想政治教育传统话语带来冲击，毕红梅等认为，可以通过构筑生活化的话语体系、构建对话式的话语新范式、提升教育者的媒介素养等通达路径实现高校思想政治教育话语的有效转换。⑥

---

① 刘建军.思想政治教育的话语转换及其路径[J].安徽师范大学学报（人文社会科学版），2016(4)：397.
② 刘建军.思想政治教育的话语转换及其路径[J].安徽师范大学学报（人文社会科学版），2016(4)：398.
③ 刘建军.思想政治教育的话语转换的三重基础[J].思想理论教育导刊，2016(5)：120.
④ 张国启.论思想政治教育学原理话语体系的转换维度[J].思想理论教育，2016(5)：23-27.
⑤ 张国启，王忠桥.论思想政治教育学科的话语体系及其转换维度[J].学校党建与思想教育，2014(1)：11-14.
⑥ 毕红梅，付林溪.新媒体语境下高校思想政治教育话语转换探析[J].思想教育研究，2015(5)：12-15.

学界对思想政治教育话语体系创新这一论题也进行了积极的学理性观照。朱喆等认为,要通过不断增强历史自觉来推动话语体系创新发展。具体而言,思想政治教育话语体系创新发展离不开历史自觉的引领与助推。据此,需要提升教师的历史意识,加强"四史"教育,处理好历史"私情"和历史"公情"的关系。① 任何一门学科的建立与发展都离不开相应话语体系的构建与完善。李辽宁认为,当前思想政治教育的话语体系面临着吸引力不足和影响力缺失的困境。破解这一困境,需要以中国立场、世界眼光、学者思维、百姓情怀来进一步推动思想政治教育话语体系创新发展。吴海江指出,科学应对思政课话语体系面临挑战的有效路径就在于推动学科话语、话语内容、话语方式、话语语境的创新,提升思想政治理论课的理论魅力……并实现生活关怀、情感共鸣和实效指向等基本维度的转向。②

二、国外研究现状

国外没有直接研究思想政治教育话语体系的成果,但西方哲学史上对语言哲学的分析与讨论由来已久。西方学者基于不同研究视野与研究旨趣对"话语"展开了研究,产生了多学科视野下的话语研究成果,这对于推进思想政治教育话语体系研究具有一定启示意义。

(一)关于语言哲学发展的概要

西方哲学史上对语言进行了跨越世纪的探讨,对语言哲学的爬梳,特别是对 20 世纪语言哲学的理论进行反思,对于我们从不同视角出发来认识语言与话语具有重要意义。西方对于作为话语最初形式的语言的探究最早可以上溯到苏格拉底时期,赫摩根尼请苏格拉底对名称进行论证时的对话中就涉及了语言的"自然生成论""约定俗成论"等多个论题。此后

---

① 朱喆,王芳.历史自觉与思想政治教育话语体系创新发展[J].思想教育研究,2020(12):43-47.
② 吴海江.论高校思想政治理论课话语体系的创新[J].思想理论教育,2014(1):60-64.

亚里士多德在《解释篇》《范畴篇》《修辞学》等著述中对语词分类以及语言现象进行了广泛系统的讨论。而后在中世纪,对《圣经》的注解与诠释热潮使得语言学获得长足发展。修辞与语法是中世纪著名"七艺"中尤为重要的学习内容。近代以来,语言哲学获得重大发展,主要有霍布斯的名称指称理论,卢梭、赫尔德在各自著作《论语言的起源》中对语言的探究,密尔的专名理论等等。需要指出的是,纵观西方哲学历史,上述对于语言问题的研究始终并未占据西方哲学研究领域的中心地位,并未将对语言的探讨视为哲学研究的中心论题。进入 20 世纪以后,面对当时的认识论、方法论危机,以及语言本身的模糊性与不精确性、对语言误用引发的形而上学混乱,加之维特根斯坦等语言哲学家对数理逻辑的聚焦与观照,语言上升成为西方哲学视野的中心论题,出现著名的西方哲学"语言转向"。有学者认为,20 世纪的语言哲学的发展历程是阶段式的。具体而言,这个阶段分别为分析哲学—语言哲学—心智哲学。① 在 20 世纪初期,以维特根斯坦、罗素等为代表的哲学家注意到日常话语的模糊性和语义流变性带来了一系列混乱,因此,需要建构新的语言实现对日常语言的批判与超越,进而在此过程中形成了分析哲学。"二战"以后,以后期维特根斯坦、摩尔等为代表的语言哲学家认识到形式语言也存在诸多局限性,形式语言无法完全替代日常话语,因此其哲学视野开始回归观照日常语言。通过回归日常生活与日常语言,语言哲学的奠基人路德维希·维特根斯坦实现了对语言的再审视,其理论视野的再出发明确提出了语言的生活本质论,认为语言从根本上讲就是生活,其意义在于实践而非语言本身,认为需要关注语言本身,但更要聚焦生活与语言的使用,进而完成从"理想语言"建构到"日常语言"研究的转向,并在此过程中最终形成了语言哲学。而后在 20 世纪 70 年代,随着认知科学的建立与发展,相对于语言哲学,心智哲学开始渐渐赢得优势地位。

---

① 蔡曙山.再论哲学的语言转向及其意义——兼论分析哲学到语言哲学的发展[J].学术界,2006(4):20.

(二)关于话语的多学科研究

话语研究源于国外、繁荣于西方。在不同学科视野下,国外学者对话语的内涵、功能等进行了积极的学理性观照。关于话语内涵的研究纷繁复杂,学者基于不同研究视野与研究旨趣对话语进行了多学科视野下的关照。在语言学视野下,结构主义创始人索绪尔最早对"语言"和"言语"进行研究,并将"语言"与"言语"的区分视为建立言语活动理论时遇到的第一个分岔路。索绪尔之后语言学家哈里斯、韩礼德、托多罗夫、詹姆斯·保罗·吉、冯·戴伊克等也从不同视角出发对话语进行了阐释。如美国学者哈里斯认为话语是一种特殊整体式的存在,具体而言是由连续性句子排列而成的段落构成,在哈里斯的研究视域中话语是大于词汇的存在,是超越词汇、句子的段落组成的整体式存在单位。罗兰·巴尔特也持相近观点,他把话语界定为超越句子层次的词语系统。① 托多罗夫关注话语的运用和实践,认为话语是语言运用的具体功能的一种"对应物",他认为话语由语言变化而来,而句子则构成话语的"起点"。② 詹姆斯·保罗·吉对话语进行"运作方式"的理解,提出"话语运作方式论",认为话语包含思想、行为、感情、言语、地点、实践、交流等等,是以上内容的一种特殊的运作方式。③ 戴伊克认为,话语是社会情境中完整的交际事件,是一种社会交往的特定形式。他将静态分析与动态理解相结合,基于实证视角,认为话语涵盖的内容不仅是"语言符号或非语言特征、社会交往及言语行为",还包含"话语生产和理解过程运用的认知再现和策略"。④ 以上语言学家虽视角各异,但其话语观可以分为两种:一是结构话语观;二是功能话语观。结构话语观将话语视为大于句子的言语单位,功能话语观主要关注话语的宏观结构和语用功能。⑤

① 韩震.论话语的内涵、实质及功能[J].哲学研究,2018(12):118.
② 巴赫金.对话理论及其他[M].蒋子华,张萍,译.天津:百花文艺出版社,2001:17.
③ 吉.话语分析导论:理论与方法[M].杨炳钧,译.重庆:重庆大学出版社,2011:22.
④ 戴伊克.社会心理话语[M].施旭,冯冰,编译.北京:中华书局,1993:208.
⑤ 史姗姗.思想政治教育话语权研究[D].武汉:武汉大学,2014:80.

在哲学视野下,早在古希腊哲学时期就对话语有过论述,亚里士多德分析了话语的象征意义,指出虽然人们言说的声音有所差异,但话语所象征的人们的内心体验却具有相似性。在西方哲学视野下,话语是"逻各斯"的题中应有之义。存在主义哲学创始人海德格尔认为"逻各斯"就是"通过言说,……把……指给……看"。① 简言之就是话语的发出者为了使话语言说对象听懂、理解一定内容而言说出来的一句一句的话。在海德格尔的语言观中,语言是存在之家,语言不仅具有工具价值,而且也是存在的所在,其语言观实际上是将语言赋予本体论的意义。

在社会学视野下,全面理解话语就要将话语置于社会交往、社会文化之中。正如荷兰学者冯·戴伊克所言:"要全面描写话语,就不能把它看成孤立的、抽象的言语实体……必须澄清话语结构与社会交往、社会情境的结构和过程的细节联系。"② 从社会学的社会建构论视角来看,"话语"不仅仅是思想的直接现实,还是人们建构世界的工具。可以这样说,当社会个体之间借由特定的话语交流互动时,就在参与的话语互动主体之间创设了一种意义空间、建构了一种精神世界。正如社会学家伯格和卢克曼所指出的,实在世界是客观的,但此时的实在世界并不是为人的,并没有进入人的关系的范畴,并非真实的具体的现实,客观实在世界真正转变成为我们的具体的现实必须经过交谈的语言活动。符号互动理论认为,话语是社会互动的重要形式,"人通过话语认识自己、他人和社会"③。

传播学视域下的"话语"是传播对象与传播媒介的统一体,在传播学中"话语"关注话语的工具价值,将"话语"理解为所传播特定信息的载体,其本身也构成传播信息的媒介。话语在传播过程中具有重要功能,其可以在参与传播活动的主体间"引入并发展某些主题,同时关闭某些话语空间"④。

---

① 谭斌.试论"话语"一词的含义[J].兰州大学学报(社会科学版),2002(1):72.
② 戴伊克.社会心理话语[M].施旭,冯冰,编译.北京:中华书局,1993:11.
③ 史姗姗.思想政治教育话语权研究[D].武汉:武汉大学,2014:85.
④ 胡正荣,等.传播学总论[M].北京:清华大学出版社,2008:41.

政治学视域下的"话语"既是权力的重要象征,也是维护政治合法性的有效工具。在政治学家安德鲁·海沃德看来,"话语"为一种分析性概念或理论方法,既是一种专业知识体系,又是内含组织见解和行为的思想体系。① 在海沃德的理论视野下,话语可以反映、揭示事物与行为的意义,透过关于事物与行为的叙述特征,可以窥探话语在更广泛意义结构中所发挥的特殊作用。

此外,英国学者诺曼·费尔克拉夫在其著述中对话语理论进行了划分,其中"批判的"方法包括"批判语言学"和法国学者的话语分析。"非批判的"方法包括课堂话语分析、谈话分析、心理治疗等。② 西方学者如马林诺夫斯基、莱昂斯以及詹姆斯·保罗·吉也通过"语境"对话语进行了研究,认为话语和语境密不可分,对话语的理解和把握不能离开语境这一基本要素。詹姆斯·保罗·吉认为,如若从过程论的视角来审视话语,就会发现话语分析是一个双向运动的过程,所谓双向即语境—语言与语言—语境。③ 基于不同学科视野的讨论,话语的历史性、复杂性、丰富性等特性就凸显出来了,其概念张力可见一斑。西方不同学科、不同学者基于不同的研究视角与研究旨趣对话语进行了阐释。关于"话语"的界定与论述不胜枚举,可以预见的是,关于话语的内涵界定会进一步严谨,其外延扩展还会进一步丰富,且围绕话语的论争还会继续深入下去。

(三)关于话语理论的重要论题

西方话语理论浩如烟海,如非批判方法与批判方法的话语理论、言语行为理论、会话分析理论、结构主义理论、结构人类学语言理论、精神分析话语理论、符号学语言理论、微观话语分析理论、交际理论等等。对其进行全景式描绘不仅工程浩大、难度极高,而且西方有些关于话语的理论本身就与我们所观照的论题存在较大间距,对其一一展开详细研究既没有

---

① 海沃德.政治学核心概念[M].吴勇,译.北京:中国人民大学出版社,2014:11.
② 费尔克拉夫.话语与社会变迁[M].殷晓蓉,译.北京:华夏出版社,2003:12.
③ 吉.话语分析导论:理论与方法[M].杨炳钧,译.重庆:重庆大学出版社,2011:12.

必要,也极易在万千卷轴之中使研究失去聚焦点。因此,我们主要聚焦西方话语理论的如下四个重要论题。

一是话语与权力,以福柯的话语权力理论为代表。福柯的话语理论内容丰富,基于研究主题限制,我们将研究聚焦其话语权理论。福柯拒斥对话语进行本质主义的讨论,"话语"在福柯不同的著作中以不同的侧重点释义走近"话语"本身。比如在《词与物》中,话语围绕着"知识型"展开,在《知识考古学》中,话语表述为更具流动性的"档案"。"档案是陈述的系统。"[1]在福柯的话语观视野中,权力是一个重要论域,福柯对权力的研究不同于自由主义的法权模式,也异于马克思主义的模式,而是有着独特的研究旨趣。福柯超越传统权力观中对权力作一般性的政治权力的理解,他将权力视为更具普遍性的概念,视为具有不确定性、杂陈分布在社会生活的各个领域的存在,他"把一切事物之间的不均等的力量关系都视为权力"[2]。不同于传统权力观对权力主体的强调与凸显,福柯以辩证性视野坚持权力压抑性与生产性的统一,强调权力的生产意义与建构意义。这种生产意义与建构意义体现在福柯将话语与权力相联系,并以知识为辅助阐释自己的话语权力观。在福柯的思想逻辑之中,话语与权力两者密不可分。他认为所有的事物均可以简单归结于两样东西,即权力与话语。同时,福柯肯认了权力与知识的相互隐含性,认为知识对于权力关系的生成具有重要前提性意义,正是知识的建构与发展才有可能建构一种权力关系。对于权力和知识,要辩证看待两者关系。在福柯的理论视野中,话语既是权力的表征,又具有建构色彩。

二是话语与交往,以哈贝马斯的交往行为理论为代表。哈贝马斯通过对目的性行为、规范调节行为以及戏剧行为三种社会行为的分析,认为以上社会行为均具有交往限度。而"只有以语言为媒介的、为理解服务

---

① 福柯.知识考古学[M].谢强,马月,译.北京:生活·读书·新知三联书店,2003:143.
② 杜敏.思想政治教育话语权研究[D].兰州:兰州大学,2018:75.

的、使行为者'得到合作'的行为才是交往行为"①。哈贝马斯在扬弃三种社会行为基础上提出了"真正的交往行为",在这里,哈贝马斯对交往给予主体间互动关系过程的理解与阐释。这种互动关系需要借助语言等媒介以及对话的方式,并特别指出交往的根本目的在于达成同一,服务于"理解",并使参与交往的行为主体实现真正合作。显而易见,在哈贝马斯的理论视野中,作为媒介的语言是一个核心话语。话语交往的目的应致力于交往理性,推动言说主体与言说对象之间理解与共通,实现有效交往。由于交往行为主体之间是以语言为媒介的,因此,交往理性的实现就离不开语言的有效使用。那么什么样的语言表达才能称之为有效的呢? 才是可以服务于达成理解与实现合作的目标呢? 哈贝马斯明确指出,实现有效的交往需要满足三项基本要求,即真实性、适宜性、真诚性。② 在哈贝马斯的交往行为理论中,"交往理性"是一个核心概念,需要予以特别关照,其强调致力于共通与同一基础上的交往,而"以权服人"式的交往从根本上讲是无效的、徒劳的。从目的论看,哈贝马斯的交往行为理论致力于推动社会合理化,而要实现这一目标就必须首先实现"交往理性"。

三是话语与文化,以葛兰西的文化领导权思想为代表。在葛兰西的思想逻辑与理论视野中,文化领导权不是国家机器的强制性力量,也不能由人们自觉意识而生成对其的支持与拥护,是在教化、引导的文化感染下达到对现存社会制度的"同意"。葛兰西曾在早期著作中明确指出语言的学习实际上就是特定"文化表达方式"的习得,并强调了语言创新的产生与异质性文化碰撞之间所具有的不可分离的性质。意大利新语言学派大师巴托利对葛兰西的语言学习产生了重要影响。在葛兰西的语言观中,语言与文化也是密不可分的,语言是文化的概念。葛兰西对语言的研究有着特殊的研究旨趣,他将语言学的研究与社会现实紧密联系起来,反对对语言问题进行简单、单纯的抽象学术研究。葛兰西将语言归于上层建

---

① 欧力同.哈贝马斯的"批判理论"[M].重庆:重庆出版社,1997:258.
② 哈贝马斯.交往与社会进化[M].张博树,译.重庆:重庆出版社,1989:67.

筑的理解,将文化与语言为代表的异质世界观引发的差异也归于造成阶级差异的重要因素。在葛兰西看来,语言与文化领导权紧密相关,"语言问题每一次浮出水面……要求在统治集团和民众之间建立更紧密、更稳固的关系,换言之,是去重组文化霸权"①。无产阶级要掌握文化领导权,就必须用新的文化与意识形态对现代资本主义社会进行文化批判,进而夺取文化领导权。

四是话语与对话,以巴赫金的对话理论为代表。对话理论占据了巴赫金理论体系中的理论高地。在这一理论视野中,巴赫金认为"自我"从来不是也不可能是独立的整体,不具有绝对独立的意义。在巴赫金的思想逻辑与理论视野中,"对话"是一个核心概念。他认为:"存在就意味着进行对话的交际。"②也就是说,人的社会存在决定了人与人之间的对话关系,其从存在论的视野既肯认了主体间对话的必然性,也指出了主体间对话的可能性。"我"与"他者"具有不可分离的性质,不能离开"他者"来认识"我",脱离"他者"来认识"我"是不完整的。就是说离开他者的我无法构成真正意义上的完整的我。发现自我须经两个环节,首先要在"我"身上发现"他者",接着通过"他者"身上才能找到"我"自己。"证明不可能是自我证明……我的名字……是为他者才存在的。"③即是说,个人对自我的认识离不开他者的介入,正是透过他者的意识和观察,个人才能实现自我的发现与确证。正是在这个意义上,巴赫金强调了"他者"的意义与对话的功能。由于内在东西的不可自我满足性,内在的东西转向外部是必然的。在转向外部的过程中就会生成"对话",在交际中"为他者而存在,再通过他者为自己而存在"④。在巴赫金的理论视野与思想逻辑中,对话的

① Gramsci A. Selections from cultural writings[M]. Trans by W. Boelhower. London:Lawrence & Wishart,1985:183-184.

② 巴赫金.陀思妥耶夫斯基诗学问题[M].白春仁,等译.北京:生活·读书·新知三联书店,1988:343.

③④ 巴赫金.巴赫金全集(第5卷)[M].白春仁,顾亚铃,译.石家庄:河北教育出版社,1998:379.

重要功能是使对话具有合目的性,而对这一认识的理解和把握应该在话语交往的实践中进行,他认为对话具有目的意义,而对话以外的存在只是手段而已,仅仅具有工具价值。

三、研究现状评析

当前,思想政治教育话语体系问题已成为理论界与实务界聚焦的重点、热点问题,特别是习近平总书记在哲学社会科学座谈会上发表重要讲话之后,关于思想政治教育话语体系研究的学术自觉性与群体自觉性不断增强。总体来看,学术界与理论界对思想政治教育话语体系的研究取得了一定成果。研究成果增加趋势不断加快,研究范围不断扩大,研究深度不断加深。但毋庸讳言,现有研究也存在诸多不足。第一,研究论题较为单一,研究的同质性特征显著。现有研究关注论题主要集中在思想政治教育话语、话语权等,而对思想政治教育话语体系的整体反思、内容结构以及理论资源等基础研究尚显薄弱。第二,研究视域较为狭窄。研究成果多从词源学、思想政治教育学的视野来探讨思想政治教育话语问题,研究视域以经验性研究为主,缺乏多学科融合视野下的考察研究,对国外以及哲学社会科学其他学科话语体系研究视域与研究方法等的借鉴尚显薄弱,致使研究局限在相对狭窄的视域与空间。第三,思想政治教育话语体系的基础性研究缺乏。特别是对马克思主义视野下思想政治教育话语体系的深层次问题,如话语生成论、话语本质论、话语存在论、话语立场论、话语功能论、话语评价论等基础性问题研究不够。这一论题的研究专著也较少,已有的硕博学位论文研究成果也并未形成研究的聚焦点。此外,推进话语体系创新发展的基本路径研究也略显不足,特别是以新时代为背景与语境而展开的相关研究比较薄弱。

话语研究源于国外、繁荣于西方,国外学者从不同学科视野、以不同研究旨趣对话语的探究,既拓展了话语研究领域,又丰富了话语理论。正如前文所述,话语研究虽开始于语言,但其早已实现对语言学的理论突围。透过不同学科学者的理论视野来看,话语的理论张力可见一斑。总体来看,国外在语言哲学、多学科视野下的话语研究也确有可鉴之处。但需要指出的是,没有审慎辨思与认真批判,奉行拿来主义,机械移植国外话语相关理论是不可取的,简单套用他者话语、机械移植他者话语体系也是行不通的。这样不仅无法增强自身话语的传播力,而且可能在无意识中充当了他者话语的"传声筒""复读机"与"应声虫",在他者话语体系中迷失自我、丧失主体性。因此,我们需要以马克思主义的立场、观点与方法对国外话语体系和话语相关理论进行审慎讨论,从而为思想政治教育话语体系创新发展提供有益的域外镜鉴。

第三节　研究思路与研究方法

一、研究思路

本书以新时代为总体性背景,并由此出发探讨新时代思想政治教育话语体系创新的理论阐释、理论资源、现实境遇、创新目标、内容结构及基本方略等问题。新时代思想政治教育话语体系创新研究的主体部分包括以下五个子课题:

(1)新时代思想政治教育话语体系创新的理论阐释研究;

(2)新时代思想政治教育话语体系创新的理论资源研究;

(3)新时代思想政治教育话语体系创新的现实境遇研究;

(4)新时代思想政治教育话语体系的创新目标与言说内容结构分析研究;

(5)新时代思想政治教育话语体系创新的基本方略研究。

依据研究内容的不同,可以将新时代思想政治教育话语体系创新研究分为理论研究与应用研究两个部分。理论研究涵盖以下子课题,即新时代思想政治教育话语体系创新的理论阐释、理论资源、现实境遇、创新目标与言说内容结构研究。应用研究是指新时代思想政治教育话语体系创新的基本方略研究。本书遵循"理论阐释—提出问题—分析问题—解决问题"的逻辑进路展开研究,依次对新时代思想政治教育话语体系创新的理论阐释、理论资源、现实境遇、创新目标、言说内容结构及基本方略展开研究。前几个子课题研究为最后一部分的应用研究提供分析框架与研究范式,最后的应用研究为理论研究提供现实支撑。

第一部分,对思想政治教育话语体系的内涵、特性以及新时代思想政治教育话语体系创新的内涵与辩证逻辑进行理论阐释。首先对"话语""话语体系""思想政治教育话语体系"核心概念进行了阐释;其次,回归思想政治教育过程,分析了思想政治教育话语体系六个相互联系的基本要素;再次,分析了思想政治教育话语体系的政治性、系统性、开放性、客观性四大特性;最后,分析了新时代思想政治教育话语体系创新的基本内涵,并从谁来创新、为谁创新、如何创新、创新什么、创新效果五个向度分析新时代思想政治教育话语体系创新的辩证逻辑。

第二部分,对新时代思想政治教育话语体系创新的理论资源进行爬梳。以马克思主义为指导,坚持"古为今用,洋为中用"。从马克思主义历史观的理论视野和思想逻辑出发,分析了话语生成论、话语本质论、话语存在论、话语立场论、话语功能论、话语评价论,考察了"君子枢机,可不慎乎""言近指远,守约施博""言有三表,无言不行""不愤不启,不悱不发"的思想,整理了部分国外学者有关思想政治教育话语的理论,主要有福柯的话语权理论、哈贝马斯的交往行为理论、葛兰西的文化领导权理论、巴赫金的对话理论。

第三部分,对新时代思想政治教育话语体系创新的现实图景进行描绘。第一,简要总结了思想政治教育话语体系建设取得的基本成就。分析了思想政治教育话语体系存在的困境与问题,主要有言说主体的主导性式微、言说对象的主体性缺失、言说内容的生动性离场、言说方式的辩证性不足、言说语境的涵容性不够、言说效果评价的科学性欠缺等,并分析了问题成因。第二,分析了新时代思想政治教育话语体系创新面临的机遇。中国特色社会主义伟大事业的持续推进为思想政治教育话语体系创新提供根本动力,中国特色社会主义理论创新成果为思想政治教育话语体系创新奠定重要基础,多元文化发展为思想政治教育话语体系创新延展空间,国际交往扩大为思想政治教育话语体系创新开拓视野。第三,分析了新时代思想政治教育话语体系创新面临的挑战。网络多元话语体系对思想政治教育话语体系形成冲击,现代性的多期交叠对思想政治教育话语体系创新带来考验。

第四部分,对新时代思想政治教育话语体系创新的目标进行了探讨,并以新的研究视角和分析框架对言说内容结构进行了分析。新时代思想政治教育话语体系目标是提升思想政治教育话语魅力,增强立德树人的成效。新时代思想政治教育话语体系的言说内容结构蕴含着内在结构和层次结构两个重要内容。内在结构由思想观念话语群、精神品格话语群、行为规范话语群、心理情感话语群构成;层次结构由生活话语、学术话语、政治话语构成。

第五部分,提出了新时代思想政治教育话语体系创新的基本方略。要坚持以马克思主义为指导、中国共产党的领导、以人民为中心的政治立场。提出新时代思想政治教育话语体系创新的通达路径:一是以增强主体性为前提,在强化自觉意识基础上创新思想政治教育话语体系;二是以问题为始,在坚持问题导向中创新思想政治教育话语体系;三是以理论为基,在推进基础理论研究中创新思想政治教育话语体系;四是以传统为源,在继承中华优秀传统文化话语资源基础上创新思想政治教育话语体系;五是以世界为鉴,在批判借鉴国外话语表达中创新思想政治教育话语体系;六是以表达为要,在增强话语言说方式辩证性中创新思想政治教育话语体系;七是以语境为匡,在优化言说语境中创新思想政治教育话语体系;八是以实践为据,在扎根实践科学评价言说效果中创新思想政治教育话语体系;九是以发展为本,在不断增强国家硬实力基础上创新思想政治教育话语体系;最后,提出思想政治教育话语体系创新需警惕"运动化""空心化"的陷阱。

结语部分对新时代思想政治教育话语体系的发展趋势进行了分析,

提出新时代思想政治教育话语体系发展将进一步凸显主体性、公共性、历史性和世界性。

二、研究方法

（一）系统研究法

思想政治教育话语体系具有系统性和开放性，本书将新时代思想政治教育话语体系创新视为一项系统工程，该工程既与我们党领导推进的伟大事业相关联，也与马克思主义中国化的理论成果密切关联；既需要考察新时代思想政治教育话语体系创新的整体性逻辑问题，又需要分析思想政治教育话语体系创新的理论资源、言说内容结构等微观细节问题。因此，需要以系统方法贯穿整本书。

（二）多学科研究法

思想政治教育话语体系创新研究涉及哲学、思想政治教育学、语言学、政治学、传播学、社会学等诸多学科。据此，我们需要融合多学科视野，借鉴多学科研究的相关成果，对新时代思想政治教育话语体系进行融合式、立体式、交叉式研究。以马克思主义为指导，充分借鉴国内外的研究观点，综合运用多学科的有关理论和方法，拓展研究的视野，从而体现本书的广度和深度。

（三）文献研究法

本书紧扣思想政治教育话语体系创新这一主题，通过国家图书馆、硕博学位论文数据库、各类学术搜索引擎、各类学术数据库，充分占有资料，全面收集和把握国内外的相关研究成果，了解前沿研究动态，这是本书得以顺利展开的基础。在写作过程中，根据党中央发布的最新文件，以及学术期刊发布的最新成果，不断更新文献资料，系统科学分析思想政治教育话语体系的相关文献资料。重点聚焦马克思主义关于话语的经典论述、中国优秀传统文化中关于话语的思想资源以及国外关于话语的相关研究成果。

(四)案例分析法

话语不是定在的,不是预设的,不是一经生成就一成不变的,而是处于变动不居之中。思想政治教育话语也是如此。思想政治教育话语的生成有内外两条逻辑。内在逻辑是思想政治教育学人与学术共同体基于自觉意识,在学科发展的历史过程中生成、演化并积淀流传下来的。外在逻辑是思想政治教育话语在应对异质性话语体系的冲击与挑战中,建构发展起来的。思想政治教育话语的生成是历史的、社会的,本书通过选取典型话语案例,进而分析话语体系创新的通达路径,提高本书理论观照现实的针对性与有效性。

第四节　重点、难点与创新之处

一、本书的重点与难点

1.基本内涵的界定。新时代思想政治教育话语体系创新是本书的核心概念,对其概念内涵、辩证逻辑等的分析,直接关涉对新时代思想政治教育话语体系的现实图景描绘、整体性反思、创新目标把握、内容结构分析以及创新路径选择。当前,哲学社会科学诸多学科对话语的界定众说纷纭,思想政治教育领域现有研究对此尚无定论,这增加了研究难度。

2.新时代思想政治教育话语体系创新的理论资源。新时代思想政治教育话语体系创新要以马克思主义为指导,汲取中华优秀传统文化中的话语资源与思想资源,还要爬梳国外有关思想政治教育话语体系创新的资源。面对蕴含着丰富话语思想的中国优秀传统文化和浩如烟海的西方话语理论,爬梳新时代思想政治教育话语体系创新的理论资源具有一定难度。

3.新时代思想政治教育话语体系是由言说主体、言说对象、言说内容、言说方式、话语语境、言说效果等诸多要素构成的复杂系统。新时代思想政治教育的话语体系创新是话语体系构成要素的全面发展,言说主体既要增强主体性,又要优化言说方式与言说语境,还要科学评价言说效果,基于话语体系要素整体性发展视野下探寻思想政治教育的话语体系创新路径具有一定难度。

二、本书的创新之处

新时代思想政治教育话语体系创新是一项兼具理论性与实践性、生活性与学理性、继承性与发展性的课题,同时又是一项兼具经典性与时代性、民族性与世界性、宏大叙事性与微观细化性的课题。选择这样极富挑战性的主题展开研究,本身就需要巨大的理论勇气。学术界和实务界对于思想政治教育话语的研究成果已比较丰硕,在爬梳前期研究的基础上,本书的可能创新之处主要体现在以下几个方面:

1. 从马克思主义历史观的理论视野和思想逻辑出发,对话语生成论、话语本质论、话语存在论、话语立场论、话语功能论、话语评价论的分析与讨论具有一定创新性。

2. 基于新的分析框架对思想政治教育话语体系内容结构进行分析以及基于整体性要素发展的视野探寻新时代思想政治教育的话语体系创新路径。

CHAPTER 1

| 第一章 |

新时代思想政治教育话语体系创新的理论阐释

改革开放以来，在中国共产党的领导下，我国经济社会快速发展。中国特色社会主义进入新时代，我们迎来了实现民族复兴的光明前景。民族复兴需要经济在场，当然话语也不能缺席。自习近平总书记在哲学社会科学工作座谈会上发表重要讲话以来，我国哲学社会科学话语体系的研究自觉意识大为提升，哲学社会科学话语体系逐渐成为理论界与实务界聚焦的热点问题。"话语体系"内涵十分丰富，其创新问题是我国哲学社会科学的共同性议题，也是具有中国特色、中国风格、中国气派的思想政治教育学科的时代使命与责任担当。思想政治教育话语体系的基本内涵是什么？其构成要素有哪些？思想政治教育话语体系有哪些基本特性？新时代思想政治教育创新的基本内涵是什么？新时代思想政治教育话语体系创新的辩证逻辑是什么？科学回答以上问题是推进新时代思想政治教育话语体系创新发展的基础和前提。

第一节　核心概念阐释

一、话语

　　无论是从理论上抑或实践上看，前提性的问题常常都具有根本性。研究"思想政治教育话语体系"，首先就要对"话语"的概念、"话语体系"的概念进行系统研究。"话语"是当前哲学社会科学的一个热度很高的术语，对"话语"的爬梳和界定十分必要。以往有关"话语"的释义较多的是从词源学意义上的考察，或者对"话语"进行哲学、语言学、传播学、政治学、社会学、心理学等多学科视野的检视。例如从哲学的建构主义和社会学的社会建构论视角来看，"话语"不仅仅是思想的直接现实，还是我们建构世界的重要工具。可以说，当社会个体之间借由特定的话语交流互动时，就在参与的互动主体之间创设了一种意义空间，建构了一种精神世界。正如社会学家伯格和卢克曼所指出的，客观的实在世界成为人们真实且具体的现实必须经由一定的交谈的语言活动才能得以实现。① 传播学视域下的"话语"更关注话语的工具价值，将"话语"理解为所传播特定信息的载体。政治学视域下的"话语"既是权力的重要象征，也是维护政治合法性的有效工具，社会学视域下的"话语"是不同群体行为方式在语言层面上的反映，例如符号互动理论认为话语是社会互动的重要形式，"人通过话语认识自己、他人和社会"②。

　　话语一词源于拉丁语"discoursus"，英文单词为"discourse"，含义为"到处跑动"。《新牛津英汉双解大词典》释义"discourse"有两种，作名词

① 梁凯音，刘立华.跨文化传播视角下中国国际话语权的建构[J].社会科学，2020(7)：139.
② 史姗姗.思想政治教育话语权研究[D].武汉：武汉大学，2014：85.

义指"交谈、辩论、谈话等",作动词义指"交谈、讲述、著述"。① 结构主义创始人、现代语言学理论大师索绪尔最早对"语言"和"言语"进行研究,并将两者区分开来。而后在 20 世纪下半期,在学术研究上,"话语"逐渐突破语言学的研究领域,扩展向了哲学社会科学的诸多学科。在实践中,不同行业、不同领域也生成了不同"话语"。话语、语言、言语之辨思,已有学者,特别是语言学学者对此问题进行了积极的学理性观照。语言学最早关注话语问题,无论是在日常生活中,还是在除语言学以外的学术研究中,话语、语言、言语这三个词常常是互译互释的,甚至是可以互相替代的。但在语言学中,这三个概念有着严格区分,标识着不同的研究旨趣。例如,索绪尔就将"语言"与"言语"的区分视为建立言语活动理论时遇到的第一个分岔路。所谓言语(parole)简言之就是"说(写)与所说(所写)"②。索绪尔认为语言和言语是不一样的,前者是音义结合的词汇系统和语法系统。20 世纪 60 年代,话语语言学兴起,在话语语言学视野中,话语就是语言的运用,这种语言运用旨在达成交际目的。一句话,小至单独的词语,大至句子群、篇章,均可称为话语。索绪尔之后语言学家哈里斯、韩礼德、托多罗夫、詹姆斯·保罗·吉、冯·戴伊克等也从不同视角出发对话语进行了阐释。美国学者哈里斯认为,话语是一种特殊整体式的存在,具体而言是由连续性句子排列而成的段落构成,在哈里斯的研究视域中话语是大于词汇的存在,是超越词汇、句子的段落组成的整体式存在单位。罗兰·巴尔特也持相近观点,他把话语界定为超越句子层次的词语系统。③ 英国当代语言学家韩礼德将话语视为"语义单位、语言的操作单位或语言使用的单位"④。法国学者托多罗夫关注话语的运用和实践,认为话语是语言运用的具体功能的一种"对应物",他认为话语由语言变化

---

①　皮尔索尔.新牛津英汉双解大词典[Z].编译出版委员会,编译.上海:上海外语教育出版社,2007:601.

②　史姗姗.思想政治教育话语权研究[D].武汉:武汉大学,2014:76.

③　韩震.论话语的内涵、实质及功能[J].哲学研究,2018(12):118.

④　史姗姗.思想政治教育话语权研究[D].武汉:武汉大学,2014:79.

而来,而句子则构成话语的"起点"。在具体的话语活动中,处于一定语境中被陈述的句子在互构中产生语言事实,而"语言变成话语"。① 詹姆斯·保罗·吉对话语进行"运作方式"的理解,提出"话语运作方式论",认为话语包含思想、行为、感情、言语、地点、实践、交流等等,是以上内容的一种特殊的运作方式。② 戴伊克认为,话语是社会情境中完整的交际事件,是"一种社会交往的特定形式"。他将静态分析与动态理解相结合,基于实证视角,认为话语涵盖的内容不仅是语言符号或非语言特征,而且还包含"话语生产和理解过程运用的认知再现和策略"③。

存在主义哲学创始人海德格尔认为,"语言是存在之家"④。在海德格尔的语言观中,语言不仅具有工具价值,而且也是存在的寓所,其语言观实际上是将语言赋予本体论的意义。语言哲学的奠基人路德维希·维特根斯坦对语言进行再审视,通过对日常语言的回归,其话语理论的再出发明确提出了语言的生活本质论,认为语言从根本上讲就是生活,其意义在于实践而非语言本身,需要关注语言,但更要聚焦生活与语言的使用,进而完成了从"理想语言"建构到"日常语言"研究的转向。而在巴赫金看来,话语是意识形态的重要彰显,具有意识形态属性。巴赫金指出话语具有纯符号性、生活交际参与性、功能性等多重特性,他认为"我们所清楚的话语的所有特点……以及最终作为任何一种意识形态行为的伴随现象的必然现存性"。政治学家安德鲁·海沃德认为"话语"是一种分析性概念或理论方法。⑤ 在海沃德的理论视野中,话语可以揭示事物与行为的意义。

相较于西方关于话语理论与思想的多元视角阐释,在中国古代,单字即成词,词约意博。"话语"在中国古代是"话"与"语"两个词。《说文解

---

① 巴赫金:对话理论及其他[M].蒋子华,张萍,译.天津:百花文艺出版社,2001:17.
② 吉.话语分析导论:理论与方法[M].杨炳钧,译.重庆:重庆大学出版社,2011:22.
③ 戴伊克.社会心理话语[M].施旭,冯冰,编译.北京:中华书局,1993:208.
④ 费尔克拉夫.话语与社会变迁[M].殷晓蓉,译.北京:华夏出版社,2003:40.
⑤ 海沃德.政治学核心概念[M].吴勇,译.北京:中国人民大学出版社,2014:11.

字》解释"话"为："话，会合善言也……《大雅》：慎尔出话……传曰：告之话言。"①释义"语"为："语，论也……一人辩论是非谓之语，与人相答问、辩难谓之语。"②在《现代汉语词典》中，根据词类的不同，"话"与"语"有两种释义。"话：(名词)说出来的能够表达思想的声音，或者把这种声音记录下来的文字；(动词)说、谈。"③"语：话，说，代替语言表示意思的动作或方式。"④在《现代语言学词典》中话语"是一些话段的集合、构成各种可识别的语言事件"⑤，构成了语言学中的行为单位。

胡适曾在《建设的文学革命论》中指出：一要有话说，方才说话。这说的是话语不能言之空洞，不能无病呻吟，一定是有言说内容才说话。二是有什么话，说什么话，话怎么说，就怎么说。这说的是言说要求真。三是要说我自己的话，别说别人的话。这说的是言说的主体性问题，也是话语言说的方法论问题。不能跟在别人后边鹦鹉学舌、亦步亦趋，而是要说具有自我风格、特色、气派的话语。四是什么时代的人，说什么时代的话。讲的是话语的时代性问题，不能让话语与时代错位，不能在新时代讲旧话语，话语和时代即使不是完全同步的，至少是同向的。随着20世纪早期白话文运动的展开，文言文的影响力逐渐式微，一些学者对书面语与口头语相一致的主张，不仅推动白话文在文学著作乃至一般著作中获得合法地位，而且使得口头用语逐渐流行。特别是随着西方学术用语的引介，我国的词语在西方学术用语的译介中也遭到冲击。话语天然具有扩张、繁殖的属性，随着对国外话语理论的不断引介，话语很快便从语言学的视野突围，走向哲学社会科学的各个学科领域以及日常生活领域。20世纪80年代以前，我国学术界发表的关于话语的文章基本还在语言学研究领域，

① 许慎，段玉裁.说文解字注(上)[M].南京：凤凰出版社，2007：167.
② 许慎，段玉裁.说文解字注(上)[M].南京：凤凰出版社，2007：160.
③ 中国社会科学院语言研究所编辑室.现代汉语词典(第7版)[Z].北京：商务印书馆，2016：564.
④ 中国社会科学院语言研究所编辑室.现代汉语词典(第7版)[Z].北京：商务印书馆，2016：1600.
⑤ 克里斯特尔.现代语言学词典[Z].沈家煊，译.北京：商务印书馆，2000：111.

随着话语批评理论的盛行,"话语"在90年代的使用渐趋广泛。21世纪以来,越来越多的学者开始对话语进行系统研究,以及深入到话语的元理论层面进行研究。例如文贵良在《何谓话语》一文中从哲学生存论上阐释了话语生存的三个层面。①

话语始于语言学,却并未止步于语言学。从不同理论视野与实践视角对话语展开研究并将话语引向深入是当前我国话语研究的重要趋势。当前,各学科基于不同语境展开了对话语及话语相关的研究。徐勇等认为:"话语是人们说出来和写出来的语言。"②郭湛等认为:"话语是主体通过一定结构的语言符号传达思想、情感、意图的言语。"③陈曙光从哲学的视野出发,认为话语本质上属于哲学问题,并通过话语生成论、本质论、存在论、权力论、革命论、功能论六个向度阐发了马克思主义话语哲学观。④他认为话语是一个集合体,这个集合体包含知识、研究范式以及话语权力。⑤ 侯惠勤认为话语是"作为对时代主题的一种理论回应,是一种积极的而不是消极的力量。话语是思想统治权的实践的具体形式"⑥韩震认为话语简单来说就是一种基于一定目的而交往的"语言策略",是人们对于各种事态的言语表达。⑦ 沈壮海认为,话语的背后是思想,是"道",是价值观念。⑧ 郑永廷等认为,话语"在规范社会结构、社会秩序和人们的实践行为等方面发挥着有效的建构性、保障性作用"⑨。还有学者认为,"话语

① 文贵良.何谓话语[J].文艺理论研究,2008(1):51.
② 徐勇,任路.构建中国特色政治学:学科、学术与话语——以政治学恢复重建历程为例[J].中国社会科学,2021(2):176.
③ 郭湛,桑明旭.话语体系的本质属性、发展趋势与内在张力——兼论哲学社会科学话语体系建设的立场和原则[J].中国高校社会科学,2016(3):28.
④ 陈曙光,陈雪雪.话语哲学引论[J].中共中央党校(国家行政学院)学报,2019(2):51.
⑤ 陈曙光.理论与话语[J].中共中央党校(国家行政学院)学报,2018(3):36.
⑥ 侯惠勤.马克思的意识形态批判与当代中国[M].北京:中国社会科学出版社,2010:68.
⑦ 韩震.论话语的内涵、实质及功能[J].哲学研究,2018(12):118.
⑧ 沈壮海.学术话语体系建设的理与路[N].贵州民族报,2017-2-13(3).
⑨ 郑永廷,曹群.坚持思想政治教育学科的话语权与主导权[J].思想理论教育,2015(3):45-48.

由概念、文本、判断及价值原则构成"①。

　　通过简要爬梳可知,从不同学科视野和词源意义讨论,话语的复杂性、丰富性、历史性、开放性等特性就凸显出来了。无论是从理论视角来检视话语,还是从话语的实际运用来考察话语,话语作为一个具有开放性、发展性的概念,其概念张力和理论创新空间感都较强。不同学科、不同学者基于不同的研究视角与研究旨趣对话语进行了阐释。关于"话语"的界定与论述不胜枚举,但可以预见的是,话语的内涵界定会进一步严谨,其外延扩展还会进一步丰富,且围绕话语的论争会继续深入下去,但这并不妨碍我们将话语的研究引向深入。不同学者基于不同研究视角与研究旨趣对话语进行了既全面又深入的剖析,我们选取话语在诸多学科的基本意蕴并非意欲在众多研究中对话语的理解提出具有高度涵容性且全面创新的见解,更遑论系统性超越已有研究。一方面,力图展示"话语"概念本身的历史性与丰富性,尝试指出不能就话语而研究话语,只有将话语置于特定的学科与语境之中,话语的意义和功能才能凸显。另一方面,我们认为,对"话语"的研究既要做词源学视野中的考察,也要做超越词源学意义的讨论,特别是需要将"话语"置于马克思主义的视野中进行分析与考察,通过分析马克思主义的话语观,给予话语以马克思主义的解释。话语是语言学和传播学关注的重点问题,同时也是思想政治教育学科应该聚焦的核心论题。从微观思想政治教育的视角来看,话语关涉社会个体精神家园的构建;从宏观思想政治教育的视野来看,话语关乎国家安全。因此,有必要对话语进行积极的学理性观照。可以预见的是,随着学科发展融合度的加深,关于话语新的阐释与理解还会继续生成。但话语研究的众说纷纭与莫衷一是,不禁让我们想拨开话语研究的"迷雾",对"话语"的元问题进行省思。话语的生成逻辑是什么?话语究竟是什么?话语的本质是什么?为什么我们需要重视对话语的研究?话语具有什么

---

① 郭忠华,许楠.政治学话语分析的类型、过程与层级——对建构中国国际话语权的启示[J].探索,2020(3):78.

样的功能？话语有立场吗？如何对话语进行科学评价？对以上问题的科学回答,需要回到马克思主义的理论视野和思想逻辑中进行讨论。

在马克思主义的理论视野中,马克思对话语的阐述集中体现在马克思主义历史观以及马克思对语言的论述上。马克思主义认为,话语从来不是定在的,也不是一成不变的,而是历史性、社会性的生成,并是在人类社会历史的发展过程中不断演化的结果。马克思主义认为,自然界中的动物不需要"分音节的语言"就可以传递信息。劳动的产生以及劳动的协作性要求人们必然进行交流,于是"分音节的语言"应需而生,语言正是"从劳动中并和劳动一起产生出来的"。① 随着人类劳动实践的不断发展,人类的语言也日益完善。马克思有言:"语言是思想的直接现实。"②因此,话语是思想的语言呈现,思想是有力量的,是具有现实性的,其直接现实是以语言呈现的话语,其间接现实是思想转换为客体转换后的力量。因此,从一定意义上讲,话语的力量实际上就是话语背后的"思想的力量"。古希腊著名的哲学家、思想家亚里士多德认为,人是天生的政治动物。在《政治经济学批判》导言中,马克思明确指出:"人是最名副其实的政治动物,不仅是一种合群的动物,而且是只有在社会中才能独立的动物。"③从亚里士多德和马克思的论断中我们可以得出结论:人的本性是社会的,是要过社会生活的。人的社会性交往的实现离不开话语,可以说人与自身以外的人类社会的关系从一定意义上讲可以是一种话语关系。在马克思历史观的视野中,话语不能游离于生活世界而存在,话语的发轫就在生活世界,话语不是"独立王国"的存在,不是凌驾于生活世界的抽象存在。马克思主义的话语观对以往种种的话语观进行了革命性变革。不能将话语

---

①　马克思,恩格斯.马克思恩格斯文集(第9卷)[M].中共中央马克思恩格斯列宁斯大林著作编译局,编译.北京:人民出版社,2009:553.

②　马克思,恩格斯.马克思恩格斯全集(第3卷)[M].中共中央马克思恩格斯列宁斯大林著作编译局,编译.北京:人民出版社,1960:53.

③　马克思,恩格斯.马克思恩格斯选集(第2卷)[M].中共中央马克思恩格斯列宁斯大林著作编译局,编译.北京:人民出版社,2012:684.

简化、窄化、狭隘化理解为仅仅是承载特定思想内容、传递特定信息的工具，将话语理解为仅仅是具有形式的内容的外化，这是不符合辩证唯物主义与历史唯物主义的。应该肯定话语的本体意义，但不能落入本体论陷阱，将话语等同于现实本体，否则就掉入了形而上学的陷阱之中。根本不存在所谓纯而又纯的话语研究，就其本质而言，话语是掌握思想领导权的方式。因此，根本不存在超阶级、超民族、超历史的话语，更不存在非阶级、非历史的话语。

关于话语的定义，虽然目前有上百种界定，众说纷纭，莫衷一是，但通过对话语进行词源学考察，对不同学科视野下的"话语"进行讨论，特别是将话语置于马克思主义的视野中来加以审视，可以发现"话语"的共通点与通约性，那就是话语是由一定的符号构成的属人的与为人的存在，既是系统性传递信息的重要载体，也是整体性表达思想、彰显核心价值理念的特殊工具，既是意义的聚集，也是特定价值与立场的彰显。因此，综上所述，基于马克思主义的理论视野与思想逻辑，话语简言之就是一定语言符号、立场与价值观念的统一体。

二、话语体系

体系一词对应英语单词"system"，意为由若干相互联系和相互作用的要素组成的具有一定结构和功能的有机整体。《现代汉语词典》释义体系为"若干有关事物或某些意识相互联系而构成的一个整体"[①]。因此，有学者认为体系为"若干要素或某些意识互相关联而构成的有机整体"[②]，要真正认识某一体系，首先就需要认知构成该体系的核心要素与体系的基本结构。一般而言，话语以体系化呈现，单一的概念、术语和零散的词句构不成体系。目前关于话语体系的阐释主要有"思想表达论""言说集合

---

① 中国社会科学院语言研究所编辑室.现代汉语词典(第7版)[Z].北京:商务印书馆,2016:1288.

② 陈锡喜.马克思主义:意识形态和话语体系[M].上海:华东师范大学出版社,2011:40.

论"以及"话语体系要素论"等。"思想表达论"侧重反映话语体系背后的思想体系与理论体系，"言说集合论"从整体性视角强调话语的表达，"话语体系要素论"重点分析话语体系的基本要素及其关系。如郭湛等认为，"通常意义上的话语体系即思想理论的表现和表达体系"①。严书翰认为，"话语体系表面上似乎只是一个'说什么、怎么说'的问题，而实际上是价值表达、思想影响和真理传播的不可或缺的载体和重要途径"②。田心铭从学术体系与话语体系的关系视角出发阐述话语体系，认为"话语体系是理论和知识的语词表达，是学术体系的表现形式和语言载体"③。离开话语体系，学术体系无法为人们所知晓和认同，反过来，话语体系只有科学、准确表达学科体系才是成熟的话语体系。刘勇认为话语体系是主体依靠言语行为的形式来进行理论输出的思想体系。④ 以上观点将话语体系视为一定思想、理论体系的表达与表现。刘同舫认为，"话语体系是特定阶级对其立场和利益进行言语表达的一整套言说内容和言说方式的集合"⑤。这种观点从宏观视角出发，以阶级分析方法将话语体系视为特定阶级的一整套言语表达的集合。关于话语体系还有一种"要素论"，如韩庆祥指出，任何一种话语体系都是政治性意蕴、学理性支撑、哲学性思维、通识性表达、有效性传播五个要素的组成。⑥

　　就一个国家和民族而言，话语体系并非简单的话语集成，而是内蕴着一个国家和民族的思想文化，彰显着国家文化软实力，体现着国家综合国力。就哲学社会科学学科而言，话语体系既表征着学科的研究对象，又标识着学科的研究旨趣。不能将话语等同于话语体系。那种将话语与话语

① 郭湛，桑明旭.话语体系的本质属性、发展趋势与内在张力——兼论哲学社会科学话语体系建设的立场和原则[J].中国高校社会科学，2016(3)：28.
② 严书翰.加强我国哲学社会科学话语体系建设要遵循规律[J].党的文献，2016(4)：48.
③ 田心铭.学科体系、学术体系、话语体系的科学内涵与相互关系[N].光明日报，2020-5-15(11).
④ 刘勇，郑召利.中国话语体系的结构分析及其构建路径[J].宁夏社会科学，2018(5)：5.
⑤ 刘同舫.学术话语体系创新的五个维度[N].中国社会科学报，2019-8-22(1).
⑥ 韩庆祥.话语体系建构的核心要义与内在逻辑[N].学习时报，2016-10-31(4).

体系模糊化界定的观点,将话语与话语体系互译、互释是不符合系统论的。也不能将话语体系与话语的内容体系相混淆。从系统论的视野来看,话语体系是由话语的诸多要素组合而成的。美国学者哈罗德·拉斯韦尔曾在《社会传播的结构与功能》中讨论了传播过程的"五要素",提出了经典的"五W模式",即"who(谁)、says what(言说了什么)、in which channel(通过何种渠道言说)、to whom(对谁言说)、with what effect(言说产生了何种效果)"①。拉斯韦尔的"五W模式"基于传播过程论的视角深刻表明传播活动实质上是一种具有强目的性与强针对性的过程,奠定了传播学研究的五大基本内容:控制分析、内容分析、媒介分析、受众分析、效果分析。在传播的过程中,以上五个基本要素构成一个完整的传播系统,是传播实践得以有效展开的五个重要环节。需要指出的是,"五W模式"一定程度上也存在局限性,如对社会制度一定程度上的忽视,对传播双向互动的关照不足,以及对传播动机的聚焦不够等。即便如此,"五W模式"对传播过程的阐释对于话语体系研究具有重要的启示意义。从哲学上讲,话语是"属人的存在",也是"为人的存在",不属人、不为人的话语体系是不存在的。话语由人言说、为人表达,话语体系由人构建、为人创新。因此,论及话语体系,我们就必须基于人的主体地位,从作为历史的"剧作者"与"剧中人"的现实的人出发,从过程论与系统论的视角来加以审视与讨论。在传播学的视野中,拉斯韦尔的"五W模式"中 in which channel 关注的是媒介分析,内容为王,表达为要,在话语传播中,话语的言说方式、表达方式意义重大。除此之外,在话语体系中还有一个重要要素——语境,需要我们特别予以关注。话语并非单纯的文本语言,并非简单的静态结构,并非僵化的呈现表达。"文本阐释受到语境约束,语境决定意义。"②任何有效性的叙事都不能离开特定的语境。语境对于话语语

---

① 拉斯韦尔.社会传播的结构与功能[M].北京:中国传媒大学出版社,2013:1.
② 吕洁、陈开举.语境参数、文本阐释与意义确证——论语境对阐释的约束[J].哲学研究,2020(8):90.

义的限制作用显著,在不同语境下,话语功能发挥的向度与程度具有显著差异,因此话语的表达、理解、认同以及实践都离不开特定的语境。一句话,离开语境的话语体系与话语实践既是不可能的,也是不可为的。综上所述,批判借鉴拉斯韦尔的"五W模式",结合话语研究与话语交往的实际,话语体系是由话语的言说主体、言说对象、言说内容、言说方式、言说语境、言说效果六个相互联系的基本要素组成的整体。在具体的话语实践中,正是以上六个要素相互联系、相互作用、相互影响,才使得"为人"与"属人"的话语体系得以发挥功能。

三、思想政治教育话语体系

"话语问题是思想政治教育的重要问题。思想政治教育活动本身离不开话语。"①思想政治工作是为人的工作,而话语是思想政治教育实践活动得以有效展开的中介,标识着思想政治教育学科的研究内容与研究旨趣,彰显着思想政治教育的价值追求,是形塑与引领人的思想、引导与规范人的行为、表达与表征人的价值的重要工具。那么思想政治教育话语体系是怎样的呢?有学者认为,思想政治教育话语体系是"广大思想政治教育工作者在中国共产党领导下,以马克思主义为指导,在长期的思想政治教育理论与实践过程中提炼和建构起来的术语符号、价值意义与言说方式的综合"②。侯丽羽、张耀灿基于统治阶级视角提出话语"需要论",他们认为,"思想政治教育话语是言说者出于维护统治阶级利益的需要,对言说对象进行政治观点、思想观念和道德规范系统教育时的语言符号实践"③。

在思想政治教育的基本范畴中,社会与个人是一对基本范畴。应当说,在概念界定与阐释中,我们应当旗帜鲜明地指出话语体系的属性,特

---

① 刘建军.思想政治教育话语转换的三重基础[J].思想理论教育导刊,2016(5):120.
② 李辽宁.论中国特色思想政治教育话语体系的传承与创新[J].学校党建与思想教育,2013(10):30.
③ 侯丽羽,张耀灿.论思想政治教育话语的三种基本形态[J].马克思主义研究,2018(12):143.

别是基于国家与社会"需要论"的视角来认识与把握话语体系。统治阶级的思想在每一时代都是占统治地位的思想,同样,统治阶级的话语在每一时代都是占统治地位的话语。基于马克思主义的阶级分析方法来看,统治阶级的话语无论在哪一个时代、哪一种社会形态、哪一种话语格局下,其一定是占统治地位与主导地位。但需要指出的是,我们在强调思想政治教育的"社会"范畴,突出思想政治教育话语体系"社会"属性的同时,不能忽略"个人"范畴,不能淡化、忽略思想政治教育话语体系的"个人"属性。思想政治教育话语体系具有维护国家安全的功能,但也肩负着帮助人们形成正确的世界观、人生观、价值观的任务,肩负着理想信念教育、爱国主义教育的任务,肩负着筑牢人们精神家园、丰富人们精神世界的任务。特别是改革开放以来,从一般性的宏观视角来审视,人们的精神生活从"标准化"走向"个体化",多重生存空间、多样生活方式、多元价值观念、多种就业方式,特别是在资本逻辑的驱动下,人们的精神生活、休闲娱乐生活更加多元,形成了不同的文化圈层,在这些文化圈中有着特定的"话语",这些"话语"既强化了成员间的思想认同,又形成了价值观念区隔的盔甲。在这些新鲜的、流行的、多样态的话语面前,思想政治教育传统话语的引导力与规范力遭受挑战,甚至走向式微。因此,思想政治教育要在新的形势下加强有效性,其话语必须进一步凸显"个体性"。如前所述,由话语体系的构成要素可知,思想政治教育话语体系是由言说主体、言说对象、言说内容、言说方式、言说语境、言说效果六个相互联系的基本要素构成的有机整体。在具体的话语交往实践过程中,言说主体出于维护统治阶级利益需要与促进言说对象自由全面发展目的,在一定的言说语境下,通过一定的言说方式,运用一定的政治观点、思想观念和道德规范等话语内容与言说对象进行话语交往,不断提升思想政治教育话语交往实践的有效性。

第二节　思想政治教育话语体系的构成要素

关于话语体系的构成要素问题,国内外学术界进行了积极的学理性关照。主要有"三要素说""四要素说""五要素说""七要素说"。国外学者克里斯蒂娜•施耐德(Christina J. Schneider)基于谈判影响的视角,将影响谈判效果的因素分为谈判对象、议题、场合,提出了话语体系的三要素。在具体的话语体系研究与话语分析中,有学者采用语境、话题、意向、评价四要素。韩庆祥指出,任何具有影响力的话语体系都具有五个核心要素,即"政治性意蕴、学理性支撑、哲学性思维、通识性表达、有效性传播"①。还有人提出话语身份、话语对象、话语内容、话语场合、话语时机、话语对价及话语方式的"七要素说"。② 已有研究对于思想政治教育话语体系的构成要素的剖析具有一定意义,但也存在一定不足。如话语体系构成要素划分的理论依据阐释不够、话语体系构成要素之间关系不够清晰等等。具体到思想政治教育话语体系,我们认为,要科学剖析其话语体系的构成要素,就必须基于过程论的视野,回归到思想政治教育过程之中来进行讨论。从系统论看,将思想政治教育视为一个系统,思想政治教育过程就是此系统的运行过程。在此运行过程中,系统内部的诸多要素如主体、客体、介体、环体相互作用,具体而言,就是作为教育者的主体借助一定的桥梁和纽带对受教育者施加影响的过程。思想政治教育话语体系既是知识体系的话语表达,也是特定价值意义体系的生动体现;既具有鲜明的学术特质,也具有鲜明的生活属性。结合前文所述,从系统论和过程论的视角来看,思想政治教育话语体系由言说主体、言说对象、言说内容、言说方式、言说语境、言说效果六个基本要素有机组合而成。在这些基本要素中,言说主体在思想政治教育话语交往实践中居于主导地位;言说对象是

①　韩庆祥.话语体系建构的核心要义与内在逻辑[N].学习时报,2016-10-31(4).
②　陈伟光,王燕.全球经济治理中制度性话语权的中国策[J].改革,2016(7):25-37.

思想政治教育话语的接受者、话语言说效果的检验者、言说内容与话语实践的反馈者;言说内容是连接言说主体与言说对象的中介,内蕴着一定的思想理论与价值观念,反映了思想政治教育话语的性质与方向;言说语境既是思想政治教育话语实践的语言环境,也贯穿于话语交往实践的全过程,对思想政治教育话语语义、言说方式、言说效果等有着特殊的限制与补充意义;言说方式关系思想政治教育话语交往实践的成效;言说效果是连接话语实践反馈的重要环节,对话语言说主体调整言说内容、优化言说方式、调试言说目标,进而完成思想政治教育任务具有重要意义。

一、话语言说主体

思想政治教育言说主体是指思想政治教育话语交往实践中的发起者、言说者与实施者。就具体的思想政治教育话语交往实践而言,言说主体是话语传播的起点,也是话语传播的中心之一,是思想政治教育话语实践的实施者、发起者,与话语言说对象相对应。依据不同的标准,思想政治教育言说主体可以划分为不同的类型。依据言说主体的数量差异,我们可以将思想政治教育言说主体划分为群体主体与个体主体。群体主体主要指由一定的组织、社会群体、机构等传播思想政治教育话语。个体主体主要指由个人言说思想政治教育话语,如思想政治理论课教师、不同岗位上的思想政治工作者等。依据言说主体的职业身份,言说主体可分为正式主体与非正式主体。正式主体指具有特定的职业身份与资质认证,且能够切实履行思想政治工作职能的个体或组织,如职业化、专业化的思想政治工作从业人员、理论工作者。非正式主体是话语言说者基于多元社会因素自愿组合而成,履行思想政治工作职责的个体或组织。相比较而言,正式主体更具有权威性,非正式主体更具有情感性。正式主体与非正式主体特性不同,在思想政治教育话语实践中功能相互补充。

言说主体在思想政治教育话语实践的过程中负责筛选、整理、加工话语内容,选取话语表达方式,优化语境,他们是话语交往实践的"把关人"。思想政治教育话语言说主体的最大特点就是主体性。所谓主体性,指的是"人作为活动主体的质的规定性,是在与客体相互作用中得到发展的人的自觉、自主、能动和创造的特性"①。据此,可以说话语言说主体的主体性指的是在开展话语交往实践过程中的自觉性、自主性、能动性与创造性。自觉性主要指言说主体有意识地认识到自己的职责,并将思想政治教育的话语实践视为"需要"。自主性指的是言说主体在话语实践中的相对独立性与主导性。思想政治教育话语是为维护国家安全和促进人的自由全面发展,这是话语实践的价值所在。但实现这一价值所采用的话语内容与话语言说方式、选取的话语语境却是多种多样的,自主性就反映了言说主体在话语实践中的独立思维与权利意识,言说主体有权利筛选出符合思想政治教育价值、有助于实现既定目标的话语内容与话语方式,有权利创设并优化话语语境。能动性指的是思想政治教育话语言说主体不是以消极被动的被决定方式来开展思想政治教育,而是积极主动地识别、选择话语,并自觉地在新的条件下对一定话语进行发展、创新,使思想政治教育话语有效影响言说对象。创造性主要指的是言说主体把握时代脉搏,在守正基础上以创新精神推动思想政治教育话语体系的发展,教育引导言说对象内化话语及其背后的思想、价值,并形成与时代、社会发展相适应的思想政治素质。

二、话语言说对象

思想政治教育话语言说对象是思想政治教育话语的接受者,与思想政治教育话语言说主体相对应,是言说主体的作用对象。依据不同的标准,思想政治教育话语言说对象可以划分为不同的类型。依据言说对象的职业身份,思想政治教育话语言说对象可以划分为正式言说对象与非正式言说对象。所谓正式言说对象是指言说对象所拥有的特定职业身份意味着他或他所从属的社会组织具有作为言说对象的可能性,如中国共产党党员干部、中国共产主义青年团员等。非正式言说对象主要指思想

---

① 郭湛.主体性哲学:人的存在及其意义[M].昆明:云南人民出版社,2002:30-31.

政治教育话语的阶段性、暂时性、临时性接受者,如学生兴趣社团、"饭圈"群体、"电子竞技迷"群体等。依据言说对象的数量差异,可以将言说对象划分为个体对象与群体对象。个体对象主要指单个的受教育者作为思想政治教育话语的作用对象,如学生、单位职工、社会组织的个体成员等。群体对象主要指多人或各种社会组织、机构、群体等作为思想政治教育话语的作用对象,如大学生群体、党员干部群体、工人群体等。依据言说对象的空间流动性,可以将言说对象划分为稳定对象与流动对象。稳定对象指言说对象接受思想政治教育话语语境的过程连续性强,在较长的时期较为稳定地作为言说主体的言说对象而存在,例如国家公务员群体、事业单位职工以及政治组织中的成员。流动对象与稳定对象相对应,是指言说对象受地缘、业缘、趣缘等因素的影响,受社会结构性影响与非结构性影响,而使言说对象接受言说主体主导的话语实践的过程时断时续,稳定性较弱,如城市化过程中的农民工群体、非公企业的流动党员群体、留学生群体等。

思想政治教育话语言说对象的最大特性就是客体性。这里的客体性意指言说对象在接受思想政治教育话语内容与话语交往过程中的非主导性、可塑性。非主导性主要反映言说对象在思想政治教育话语交往过程中是言说主体的对象,具有受动性。需要特别强调的是,这种受动性不等于被动性,受动性并不意味着言说对象没有主体性,而是指言说对象已经自觉认知到自己被特定思想政治教育实践塑造、被特定思想政治教育话语对象化的过程,已经逐步认知、理解、认同言说主体所传播的知识体系、思想观念与价值体系,并在特定的思想政治教育话语言说语境中自觉认同、积极配合、努力追求思想政治教育话语言说主体所引导的价值,体现出学习、接受并主动言说一定话语的主动性。可塑性意指话语言说对象自身的思想品德素质与一定时代、一定社会发展要求之间存在一定矛盾,这种矛盾可以通过话语交往实践得以有效解决。可塑性意味着话语交往与话语劝服的现实性与可能性,这种可能性必须建立在对言说对象的思想品德状况进行科学研究的基础之上,那种忽视话语言说规律,单单将言说对象视为特定话语"灌输"的言说模式,将话语交往实践的过程简化为"我打你通""我说你听",是难以获得思想政治教育效益的。

三、话语言说内容

内容为王,内容为本。思想政治教育话语的言说内容指的是"言说什么"的问题。有人认为思想政治教育的话语内容是一个复杂的系统,主要包括"理想信念教育话语、政治观教育话语、法制观教育话语、价值观教育话语和心理健康教育话语等等"①。还有人认为,经过整合后的思想政治教育话语内容主要包括时代性话语等方面。② 关于思想政治教育话语的内容还有很多论述,但同质化、重复性的内容较为普遍。通过爬梳已有研究可知,已有的话语内容划分呈现简单化特征,将思想政治教育话语窄化理解为较为单一的思想观念话语或者知识型话语,实质上,这是从思想观念视角出发把握话语内容。我们认为,将思想政治教育的内容以简单话语呈现,从逻辑上看存在语义重复。新时代,随着社会实践的丰富发展,思想政治教育内容与话语也在不断更新,上述话语内容的划分一定程度上存在逻辑上的不周延。诚然,当我们论及思想政治教育的话语时,马克思主义及中国化成果的理论话语,世界观、政治观、人生观、价值观等话语,是大家最为熟悉的,但以上话语只是言说内容中最基本、最常见的一部分,即思想观念话语。如果仅仅从知识论或者思想观念的视角审视言说内容,毋庸置疑,肯定会造成思想政治教育的魅力减弱、生命力萎缩。思想政治教育内容形态一定程度上规定了言说内容,只是说在不同的任务面前,所选取的思想政治教育话语样态有所差异而已。刘建军教授认为,思想政治教育的内容构成应该包括四种基本形态,即思想观点形态、精神品格形态、行为规范形态、心理情感形态。③ 这种划分从应然与实然

---

① 向绪伟.现代思想政治教育话语研究[D].南昌:南昌大学,2015:35.
② 孙晓琳.新时代思想政治教育话语发展研究[D].长春:东北师范大学,2019:27.
③ 刘建军.论思想政治教育内容的基本形态[J].思想理论教育导刊,2020(9):111-115.

的统一视角对思想政治教育的内容构成这一基础理论问题进行了发展性的讨论,我们认同这一观点,并在此基础上展开思想政治教育话语体系言说内容的讨论。据此可以将言说内容划分为思想观念话语群、精神品格话语群、行为规范话语群、心理情感话语群。由于思想政治教育四种内容形态的划分所依据的原则是以人为中心的,它展现的是"人从内化于心到外化于行的全过程"①。因此,思想政治教育话语内容的划分并非界限绝对清晰、泾渭分明的,四种话语内容之间也并非不可转化。实际上,四种话语内容往往是相互渗透,你中有我,我中有你,彼此交融。思想政治教育的任一话语内容本身都包含着思想观念、精神品格、行为规范与心理情感的教育要求。例如"爱国"这一话语,既有爱国情操的要求,也蕴含着对爱国思想的教育,既有爱国主义精神的教育,又有爱国、报国行为的养成规范教育。此外,需要特别指出的是,话语内容之间是可以相互转化的,较为常见的是其他三种话语向思想观念话语转化。思想观念话语群不仅是特定知识、价值的载体,更具有反映功能,能映射人的精神、行为、心理。因而,通过这种特殊的反映功能,精神品格话语、行为规范话语、心理情感话语都可以表达为思想观念话语,并以特殊的话语呈现出来。因此,可以说,思想观念话语是其他三种话语的通行"货币话语"。

四、话语言说方式

思想政治教育话语言说方式聚焦的是"如何言说"的问题。内容为王,表达为要。在思想政治教育话语交往实践中,话语的言说方式是必须予以关照的重要问题。言说方式是思想政治教育话语交往实践的关键环节,言说主体以什么方式言说思想政治教育话语对于优化话语言说语境,充分发挥言说主体的主体性,为话语"增魅"具有重要价值。彻底的理论、深刻的话语是说服与掌握群众的根本,但彻底的理论、深刻的话语往往离不开有效的言说方式,因为"千万不要认为一种思想观念会仅仅因为正

①　刘建军.论思想政治教育内容的基本形态[J].思想理论教育导刊,2020(9):115.

确,就会在有教养者的头脑中产生实际效果"①。事实上多数群众对于艰涩深刻的理论体系、话语内容往往并不感兴趣。因此,思想政治教育话语言说主体要自觉地调试和转换自己的言说方式,用言说对象听得懂、更想听、更能持久听,从而使言说对象更愿意与言说主体进行话语交往的言说方式来表达内容与传递价值。在话语言说方式上,要在增强话语转换力下工夫。面对不同的言说对象和言说语境,要善于将政治话语学理性阐释,以政治性引领学理性话语表达,将学理性话语进行通俗化转换表达,用贴近人民群众生活的"有根"且"有趣"的生活话语传播主流价值观念。刘建军教授提出的政治话语学理化言说、学理话语通俗化表达、通俗话语趣味化呈现②,就是注重话语转换、优化思想政治教育话语言说方式的有效路径。在话语言说方式上,还要在话语表达的辩证性上下工夫。增强表达的辩证性是提升话语交往实践有效性的关键所在,言说主体要在话语交往实践中善于进行辩证性的话语表达,坚持政治话语学术化阐释与学术话语政治性引领辩证统一,坚持经典话语时代性表达与时代话语经典性阐释辩证统一,坚持理论话语生活化诠释与生活话语理论性升华辩证统一,以辩证性增强思想政治教育话语的表达力与影响力。

五、话语言说语境

"语境对于话语的实效性极端重要,是话语生成、交往和发展的重要环节。"③语境简单来说就是话语言说的环境。虽然从第一次提出"语境"这一概念到现在,关于语境的界定和阐释不胜枚举,但语境对话语语义的限制与补充作用使得我们在讨论话语体系的构成要素时不能回避这一重要概念。一个不可否认的经验性事实就是,在思想政治工作中,"许多概

---

① 勒庞.乌合之众:大众心理研究[M].陈天群,译.南昌:江西人民出版社,2010:49.
② 刘建军.思想政治教育的话语转换及其路径[J].安徽师范大学学报(人文社会科学版),2016(4):397.
③ 张智,刘建军.习近平的群众风格语言及其对宣传思想工作话语的启示[J].中国特色社会主义研究,2017(3):62.

念、范畴和表述在没有进入语境之前，它意义常常是概括的、抽象的、泛指的……但一旦进入动态的、鲜活的宣传思想工作活动……就会致使这些概念、范畴和表述的语义发生变化，生成新的语境义"①。无论是现实生活中的生活化话语，抑或一定的学术话语、理论话语，一旦离开特定的语境，其话语的语义就可能发生变化。在自觉创设与主动优化的话语言说语境下，抽象的概念、范畴等话语将得以生动化，从而激活其语义，便于言说对象的理解与认同。人们也常说"五里不同风，十里不同俗""到什么山上唱什么歌"，语境对言说内容的影响可见一斑。话语实践双方对彼此的认知环境能够互相显映，话语及其内蕴之道才会被理解，否则话语交往就会失败。语境虽然是语用学的核心术语，但因其话语分析的基础地位，我们不能回避。一般而言，时空、话语上下文、话语言说前提、情景都构成语境的基本因素。还有学者指出，"任何一种话语既是有效的，又是无效的，这取决于它的语境适应力"②。不同的话语在不同的语境下会呈现不同、有时甚至完全对立的语义。一个词的意义可以说就是它在语言中的应用来呈现的。维特根斯坦的论述也揭示了这一事实。同样，思想政治教育话语的表达与价值彰显往往也在于其在具体语境中的运用，言说主体与言说对象对特定言说内容在彼此之间建立意义空间往往会因为语境的差异而有所差异。沈壮海教授将思想政治教育学进行了"微观何来"与"宏观拓建"的思考，并在宏微之间省思现代思想政治教育学。思想政治教育话语的言说语境也有宏观与微观之分。其中宏观话语语境指的是思想政治教育话语所处的时空语境，在当代中国，这一宏观语境就是中国特色社会主义新时代。微观话语语境指的是言说主体与言说对象进行话语交往时的现实的具体语境，既包括思想政治教育话语的上下文，也涵盖话语言说前提、情景、时间、地点等因素。对于思想政治教育的话语言说主体来说，既

---

① 张智，刘建军. 习近平的群众风格语言及其对宣传思想工作话语的启示[J]. 中国特色社会主义研究，2017(3)：62.

② 胡春阳. 话语分析：传播研究的新路径[M]. 上海：上海人民出版社，2007：251.

要提高话语转换能力,学会"因境制宜",善于在不同的场域中"语随境迁",又要提高语境创设与优化能力,创设自由的、平等的、融洽的言说语境,帮助言说对象把握思想政治教育话语的核心要义,辅助言说对象掌握话语及其背后的思想、价值。

需要指出的是,言说语境不同于思想政治教育环境。思想政治教育环境是"思想政治教育活动所处于其中的客观外在"①,这里的环境,既包括政治环境,也涵盖影响思想政治教育的经济环境、文化环境、社会环境等等。相对而言,这里的环境主要是一种外在式存在。而言说语境则不然,它是为话语实践有效展开而创设与优化的,是作为思想政治教育话语体系其中的一个基本构成要素而对思想政治教育的话语交往实践活动发生作用的客观基础与"精神氛围"。在思想政治教育话语交往实践中,思想政治教育话语言说语境为思想政治教育话语交往实践活动的展开,为思想政治教育言说对象接受一定思想政治教育话语教育与提高思想政治素质,提供具体场合与情境,内蕴着思想政治教育的目的与价值,为思想政治教育言说主体与言说对象之间话语关系的确立及话语交往、话语互动的顺利进行提供物质载体与精神纽带。

六、话语言说效果

思想政治教育话语言说效果是在思想政治教育话语交往实践中以及话语实践后解决"如何评价效果"的问题。思想政治教育话语交往实践的根本目的在于提高人的思想政治素质,促进人的自由全面发展。从过程论的视角来看,评价问题至关重要,科学评价话语言说效果有利于话语体系内部各组成要素能够科学、有序、高效运作,从而有助于形成良性运行的话语系统。美国政治学家戴维·伊斯顿(David Easton)在其经典著作《政治生活的系统分析》一书中构建了一个逻辑自洽的理论体系。在他看来,政治体系就是一个为了描述社会大系统中政治子系统状况而构建起

---

① 沈壮海.思想政治教育有效性研究[M].武汉:武汉大学出版社,2016:95.

来的分析系统。伊斯顿的政治体系理论是以输入—输出和反馈作为核心概念对政治系统进行整体性宏观分析。伊斯顿所描述的系统在环境的影响下与环境发生着输入—输出式的互动,其中,输入由"要求"和"支持"构成,前者由系统成员特定愿望经由"结构机制"而成,直接指向当局;后者指对特定政治对象的认同(例如本国人民对于该国政党的支持),共同指向政治共同体、体制和行政当局,并由此将输入转化为相应的"输出"。"反馈"则沟通着输入和输出,是向当局传递关于要求、支持以及对于输出进一步反应的政治信息。正是由于反馈回路作用的发挥,系统才得以良性运行,可以说整个政治系统的平衡有赖于经由反馈所实现的输入和输出之间的调试。① 言说效果连接新旧话语交往实践,话语言说效果评价是连接"话语输出"与"话语输入"的重要反馈环节,对话语主体调整言说内容、言说方式、言说目标,进而完成思想政治教育任务具有重要意义。这就要求必须重视话语言说效果的评价问题,在科学评价言说效果中使话语系统不断适应外界的变化,保证话语交往实践的有效展开与不断发展。

在很多人的思想观念以及已有的部分研究之中,对于思想政治教育话语言说效果的评价在于话语实践产生了什么作用,思想政治教育话语是否具有有效性,即思想政治教育话语对象化的结果。但是需要强调的是,"如果我们对于有效性问题的研究仅停留在对实践活动有效性的分析之上,那么我们充其量只能辨识结果、享用结果,而不可能有效地优化结果、提高结果"②。实际上,言说效果评价所聚焦的不仅仅是话语对象化实践之后效果的"如何评价"问题,这只是基于思想政治教育话语交往效果对于言说对象的需要满足的评价问题。需要指出的是,由于思想政治教育话语实践的过程是诸多要素嵌入其中的,其复杂性高,无法运用控制变量法对话语交往实践的有效性进行自然科学式的评价。思想政治教育话语交往实践的有效性评价实质上是一种价值属性的评价。因此思想政治

---

① 张小劲,景跃进.比较政治学导论[M].北京:中国人民大学出版社,2008:103-104.
② 沈壮海.思想政治教育有效性研究[M].武汉:武汉大学出版社,2016:17.

教育话语言说效果的评价必须将话语有效性的评价回归到特定的、具体的价值关系之中来进行。思想政治教育话语交往的实践既离不开言说对象所具备的特定属性,也离不开言说主体与言说对象之间特定关系的构成。如前文所述,思想政治教育话语交往实践是基于一定的社会需要和个人需要支配下进行的,有着鲜明的目的性。思想政治教育话语交往结果与思想政治教育话语交往需要、目的之间,应该存在满足与被满足的关系,因此思想政治教育话语言说效果的评价必须将话语有效性的评价回归到特定的、具体的价值关系之中来进行。

对于思想政治教育话语交往实践效果的评价应包括三个主要向度:一是基于言说对象的视角评价思想政治教育话语交往实践效果,主要指的是话语对言说对象思想与行为的积极影响,反映思想政治教育话语交往实践对于言说对象的效用;二是言说效果对于言说主体需要的满足,在这里言说主体的需要与思想政治教育的社会需要基本一致,它是思想政治教育社会需要在思想政治教育话语交往实践中的表现;三是思想政治教育话语交往实践的整体性、综合性、系统性评价,反映阶段性话语交往实践效果对于话语交往实践的持续有效展开是否具有积极的促进性,并在评价基础上生成反馈,进而调整言说内容,调试言说目标,不断完善思想政治教育话语体系,从而提升思想政治教育话语交往实践的精准性与科学性。

第三节　思想政治教育话语体系的基本特性

一、政治性

政治性是思想政治教育话语体系的内在特性与根本特性。在马克思主义的视野中,话语问题关系着阶级社会中统治阶级思想领导权的实现。理论只要彻底,就能说服人。运用溯果追因思维来看,彻底的理论有助于说服人,从而掌握群众,进而使彻底的理论转变为强大的物质力量。但彻底的理论必须凭借科学系统的话语体系才能成为现实,必须在言说主体主导、言说对象自觉参与的思想政治教育话语交往实践中才能成为现实,必须在准确的话语内容和科学的话语表达中才能发挥"彻底的理论"的作用,进而真正获得思想领导权。因此,政治性是思想政治教育话语体系的根本特性。政治性要求言说主体与言说对象具有政治意识,要求言说内容坚持正确的政治立场,要求言说语境从根本上不能脱离一定政治环境。不能离开政治性认识思想政治教育话语体系,离开政治性分析与把握思想政治教育话语体系就可能失去正确的政治方向,甚至误入陷阱。也不能淡化思想政治教育话语体系的政治性,用非政治化的方式来认识思想政治教育话语体系问题。将学术与政治割裂开来、对立起来的主张,不是刻意误导,就是不合实际。

二、系统性

思想政治教育话语体系的系统性主要表现在以下两个方面:一方面表现在思想政治教育的有效性有赖于思想政治教育话语体系基本要素整体性综合功能的发挥。思想政治教育话语言说主体自身所持有的立场、观点、方法,选取的话语文本、采用的话语内容、运用的话语言说方式、在何种语境下的言说,都会对话语交往实践产生影响。因此,在思想政治教育话语交往与话语传播的实践中要注重话语体系构成要素之间的协同性。另一方面也表现在作为言说内容的思想政治教育话语是依据一定的逻辑建构而成,"单丝不成线,孤木不成林",简单的思想政治教育话语、散在的思想政治教育话语、毫无规律堆砌而成的思想政治教育话语构不成思想政治教育话语体系言说的系统性内容。正如斯图尔特·霍尔所言,话语体系至少必须是"一组陈述,这组陈述为谈论和表征有关某一历史时刻的特有话题提供一种语言或方法"[①]。以思想政治理论课话语言说内容

---

① 霍尔.表征——文化表象与意指实践[M].徐亮,陆兴华,译.北京:商务印书馆,2003:44.

体系为例,既有大、中、小学一体化的纵向层次教材话语体系,也有教材话语群、教案话语群、讲授话语群组合而成的横向层次教学话语体系。

三、开放性

任何一种话语体系,无论是从历时态的维度看,还是从共时态的维度看,都具有鲜明的开放性,思想政治教育话语体系也不例外。马克思主义经典作家在《德意志意识形态》中指出:"在贵族统治时期占统治地位的概念是荣誉、忠诚,等等,而在资产阶级统治时期占统治地位的概念则是自由、平等,等等。"①在马克思主义历史观视野里,"话语"的生成与发展都是为一定社会生产力水平和生产方式性质所决定,并与一定社会生产力水平和生产方式性质相适应。对于封建时期社会生产力水平、生产方式而言,"荣誉、忠诚"等话语就具有存在的历史必然性。随着社会生产力水平的提升与生产方式的发展,"荣誉、忠诚"等一类话语存在的历史必然性与合理性也逐渐丧失,取而代之的是资本主义社会生产力和生产方式性质下的"自由、平等"等话语。一句话,话语具有鲜明的开放性以及历史性,且话语的开放性是由一定的生产力发展水平与生产方式所决定的。随着生产力发展水平的提高以及生产方式、交换方式的变化,话语体系也将随之发生演变。恩格斯曾指出:"每一个时代的理论思维,包括我们这个时代的理论思维,都是一种历史的产物,它在不同的时代具有完全不同的形式,同时具有完全不同的内容。"②作为呈现理论与思想的话语体系也相应地在不同时代具有不同形式。思想政治教育的话语体系并非封闭僵化的系统,而是不断发展、不断创新的系统。在不同的历史时期思想政治教育话语体系具有显著差异,分别形成了以一些标识性概念为核心的话语群。历史上看,无论是革命、建设时期的话语体系,抑或改革开放新时期的话

---

① 马克思,恩格斯.马克思恩格斯选集(第 1 卷)[M].中共中央马克思恩格斯列宁斯大林著作编译局,编译.北京:人民出版社,2012:180.

② 马克思,恩格斯.马克思恩格斯选集(第 3 卷)[M].中共中央马克思恩格斯列宁斯大林著作编译局,编译.北京:人民出版社,2012:873.

语体系,思想政治教育在发挥自己生命线作用中始终坚持围绕中心服务大局,不断创新话语体系。思想政治教育话语体系具有鲜明的开放性。在中国特色社会主义进入新时代后,新时代社会主要矛盾的转变对思想政治教育话语体系提出了新要求,思想政治教育话语体系必须"因时而进""因时而新",既要传播马克思主义经典话语,又要以新的话语体系传播马克思主义中国化的最新理论成果,既要守正,又要创新,及时回应人民群众对美好生活需要的现实关切。

四、客观性

思想政治教育话语体系的客观性是指言说主体所表达的内容具有客观性。其一,言说主体所描述与阐释的对象是客观的。例如思想政治教育话语交往实践中言说主体表达的政治观话语、法治观话语都是具体的、客观的。其二,这种客观性还体现在思想政治教育话语客观地描述与阐释了话语所指向的对象。如马克思主义关于剩余价值学说的话语与历史唯物主义的话语就客观地描述了资本主义的生产方式与人类社会发展的方向,马克思主义经典话语"生产力与生产关系""社会存在与社会意识"科学客观地反映了人类社会历史的发展规律。其三,这种客观性也体现在客观地表达了言说主体的思想与意识。正是由于思想政治教育话语体系所具备的客观性,作为承载着一定思想理论体系与思想情感的话语才具备可理解性与通约性,思想政治教育的话语交往实践活动才得以顺利进行。也正是因为具备客观性,其公共性才得以彰显,思想政治教育话语才得以成为有效交往工具,其话语的功能才得以发挥,思想政治教育的话语才成为具有合法性的话语,才是能为广大思想政治工作者与思想政治教育言说对象所理解、认知与认同的话语。强调思想政治教育话语体系客观性的意义还在于对于话语具有相对独立性的理解与肯认,思想政治教育话语体系是客观的,也具有相对独立性。这表现在思想政治教育话语会对社会和个体产生一定的规范、引导、制约、形塑等作用。也表现在其话语的演化、发展具有相对确定的规律,这种规律不是"预设论",不是

"既定论",而是在人的历史性与社会性社会实践中多种因素相互作用的结果。但从根本上讲,话语、话语体系终究是"为人的存在"与"属人的存在",正如马克思主义经典作家所言,话语是"既为别人存在并仅仅因此也为我自己存在"。①

第四节　新时代思想政治教育话语体系创新内涵解析

一、新时代思想政治教育话语体系创新的基本内涵

坚持马克思主义,不是一成不变,不是固守不变,不是教条主义,而是要根据变化发展了的情况不断创新。创新是马克思主义的理论品格。"理论的生命力在于不断创新。"②唯创新者才能赢得未来。创新不仅是民族进步的灵魂和国家兴旺发达的不竭动力,还是引领发展的第一动力。无论是对于国家、民族,抑或社会、个人,创新都有着重要的价值和意义。党的十八大以来,习近平总书记站在伟大事业的全局,以深邃的历史视野和宽广的政治视野,围绕创新进行了重要论述。中国特色社会主义进入新时代,这是我国所处的新的历史方位。这一历史方位是经济社会发展到特定历史阶段的必然选择。新时代是强起来的时代,新时代的中国经济发展要强势在场,话语与话语权也不容缺席。每一个时代都有专属于这个时代的话语。新时代开启了与之相适应的哲学社会科学话语体系创新的新征程。新的历史方位,新的社会主要矛盾,人们对美好生活的向往呼唤新的话语体系来传播马克思主义中国化的最新成果,需要新的话语体系来厚植人们的精神家园,需要新的话语体系来阐释新的社会问题,需要新的话语体系来立德树人、凝聚人心,需要新的话语体系来壮大主流思

---

① 马克思,恩格斯.马克思恩格斯全集(第3卷)[M].中共中央马克思恩格斯列宁斯大林编译局,编译.北京:人民出版社,1960:54.

② 习近平.习近平谈治国理政(第3卷)[M].北京:外文出版社,2020:76.

想舆论,需要新的话语体系来增强话语权,需要新的话语体系来提升哲学社会科学的吸引力,需要新的话语体系向世界传递中国声音、表达中国主张、展示中国方案。需要让世界知道中国"说什么",更需要世界认同、支持并"接着说"。新时代既是我国所处的新的历史方位,也是思想政治教育所处的基本时空场域,还是思想政治教育话语体系研究的基本出发点。新时代对哲学社会科学的发展提出了新要求,作为具有中国气派的思想政治教育学科,推进话语体系创新发展是题中应有之义。

"加强话语体系建设,尤其需要在创新上花力气、下功夫。"①党的十八大以来,党中央高度重视话语体系问题,围绕新时代中国话语体系是什么、为什么、怎么样、如何建、如何创新等提出了一系列具有原创性、时代性的重大思想观点,形成了内涵丰富、逻辑严密的一整套重要论述,是我们在新时代推进思想政治教育话语体系创新发展的重要指导。如前文所述,思想政治教育话语体系是诸多要素有机构成的整体,新时代思想政治教育话语体系创新就是话语体系构成要素的全面发展。因此,新时代思想政治教育话语体系创新是指在中国特色社会主义新时代,以习近平新时代中国特色社会主义思想为指导,不断增强思想政治教育话语言说主体与言说对象的主体性,创新思想政治教育话语言说内容,优化思想政治教育话语言说方式与言说语境,科学评价思想政治教育话语言说效果,拉近思想政治教育话语理论与现实的间距,不断提高新时代思想政治教育话语的现象描述力、问题阐释力、理论诠释力,从整体上提升思想政治教育话语体系的魅力。需要指出的是,新时代思想政治教育话语体系的创新要正确处理守正与创新的辩证关系。守正是创新的基础和前提,创新是守正的必然要求,只有不断创新,守正才能获得不竭的动力源泉。具体而言,思想政治教育话语体系的守正既要坚持马克思主义的"话语内核",这是我们必须坚持的"不变",又要致力于"变",随着伟大事业的发展,保持理论与实践的张力,以整体性视野推

---

① 刘同舫.学术话语体系创新的五个维度[N].中国社会科学报,2019-8-22(1).

动思想政治教育话语体系的创新发展。

二、新时代思想政治教育话语体系创新的辩证逻辑

新时代思想政治教育话语体系创新是一系列辩证逻辑的展开,主要包括谁来创新:言说主体与言说对象的辩证统一;为谁创新:中国共产党与人民群众的辩证统一;创新什么:深刻性与大众化的辩证统一;如何创新:批判性与建构性的辩证统一;创新效果:思想内化与行为外化的辩证统一。

(一)谁来创新:言说主体与言说对象的辩证统一

谁来创新是新时代创新思想政治教育话语体系必须首先予以澄明的主体问题。言说主体是创新思想政治教育话语体系的关键,是话语体系创新需要依靠的根本主体。言说对象参与是保障话语体系创新活力的源泉,是话语体系创新需依靠的重要主体。言说主体与言说对象是辩证统一的,两者相辅相成,相得益彰,统一于思想政治教育话语交往实践之中。从应然上讲,只有言说主体与言说对象同一在场,思想政治教育话语交往实践才是有效的。因此,思想政治教育话语体系创新就是言说主体与言说对象的辩证统一。

"教育对象的性质是影响思想政治教育施教活动中主—客体关系确立的关键因素之一,而作为教育对象的性质对思想政治教育施教获得中主—客体关系的确立起作用的,正是教育对象的主体性。"[①]思想政治教育话语交往实践离不开教育对象的主体性彰显,离不开社会个体、社会组织、媒体等多元主体的参与。当今社会,社会公众看到什么的权利很大程度上被媒体控制着,媒体很大程度上影响着社会公众认识与评价社会现象的神经与能力。媒体特有的扩散与聚焦功能在治理社会问题的过程中发挥着重要作用。社会组织的承上启下地位,以及自身具有的低成本与高组织化的特点,使其拥有组织优势。在技术变革的背景下,发达的互联

①　沈壮海.思想政治教育有效性研究[M].武汉:武汉大学出版社,2016:72.

网信息技术对社会个体产生一种"话语赋权"效应,即不仅使个体以网络化的方式而存在,而且降低了个体参与网络公共生活的成本,提升了个体言说方式的自主性,扩大了个体在网络空间发表言论的自由权和选择面。显然,从社会治理所需依靠的主体就可洞见,创新思想政治教育话语体系离不开教育对象的参与,话语言说主体与言说对象在思想政治教育话语交往实践中是同时在场的,话语体系的创新只有在坚持言说主体与言说对象辩证统一中才能实现。

(二)为谁创新:中国共产党与人民群众的辩证统一

新时代思想政治教育话语体系需要确证"为谁创新"这一根本立场问题。从本质上说,党性与人民性是统一的,坚持人民性就是坚持党性,党性寓于人民性之中,没有脱离人民性的党性,也没有脱离党性的人民性。不能离开党性来认识人民性,也不能离开人民性来认识党性。回眸走过的路,无论是艰苦卓绝的革命时期,还是筚路蓝缕的建设时期,抑或风雷激荡的改革时期,党取得一个又一个伟大胜利,就在于中国共产党始终与中国人民在一起,就在于党把人民镌刻在高扬的旗帜上,就在于人民对党的信任与拥护。中国共产党与人民群众从来都是统一的。因此,新时代思想政治教育话语体系就是为中国共产党与人民群众而创新。中国共产党的伟大奋斗历程形成了特色鲜明的思想政治教育话语体系,新时代思想政治教育话语体系的创新是为中国共产党的创新。但思想政治教育面对的对象是社会生活领域中鲜活的人,不仅仅是对大、中、小学校的学生。新时代思想政治教育话语体系的创新从本质上讲是"为人民而创新",是有别于人类历史上任一为"少数人"而言说的特权阶层话语。思想政治教育话语体系"为人民而创新"是由作为执政党的中国共产党的性质决定的,是由社会主义基本制度决定的。思想政治教育话语作为提升人的思想政治素质和实现人的全面发展的话语表达,只能反映人民的心声,只能为人民代言。为人民代言、为人民创新的思想政治教育话语体系从来不是抽象的、空洞的,而是实实在在,具有强现实性的。在我国,人民是国家真正的主人,无论是革命时期、建设时期、改革时期的思想政治教育话语,抑或新时代的话语,均是人民的忠实立言人。思想政治教育话语的内在人民性,以及不同历史阶段思想政治教育话语的特质与实践,都表征着为人民而创新的根本立场。

(三)创新什么:深刻性与大众化的辩证统一

内容为王。从"言说什么"这一话语体系基本要素出发,推进新时代思想政治教育话语体系创新发展,就应该致力深刻性与大众化相统一的思想政治教育话语。思想政治教育话语要提升言说对象的思想政治素质,使话语展示出"改造世界"力量,就必须是具有真理力量的话语,就必须是具有深刻性的话语。马克思主义是在崇尚真理中出场的,也是在勇攀真理的高峰中不断发展的。马克思主义经典作家对真理的追求"既不怕自己所作的结论,也不怕同现有各种势力发生冲突"①。无论是 19 世纪40 年代对激进青年黑格尔派唯心主义立场与蒲鲁东主义的清算,还是 50年代对形形色色的非科学社会主义的批判,抑或 60 年代和 70 年代与拉萨尔主义和巴枯宁主义的论争,均为马克思崇尚真理、坚持真理的体现。可以说,马克思毕生的理论成就就是崇尚真理的生动写照。立足当今世界,马克思主义的话语体系在百年未有之大变局的 21 世纪依然强势在场,正是马克思主义追求真理、致力深刻性话语体系的现实证成。建党以来,中国共产党之所以能完成近代以来各种政治力量都不可能完成的政治任务,团结带领全国各族人民实现从站起来、富起来到强起来的伟大飞跃,就在于党把马克思主义写在了自己的旗帜上,就在于党充分发挥了马克思主义这一科学真理的力量,就在于追求以深刻性的话语体系来传播马克思主义以及马克思主义中国化的最新成果。毛泽东指出:"马克思列宁主义并没有结束真理,而是在实践中不断地开辟认识真理的道路。"②习

① 马克思,恩格斯.马克思恩格斯文集(第 10 卷)[M].中共中央马克思恩格斯列宁斯大林著作编译局,编译.北京:人民出版社,2009:7.
② 毛泽东.毛泽东选集(第 1 卷)[M].北京:人民出版社,1991:296.

近平要求"保持革命精神……决不能因为胜利而骄傲,决不能因为成就而懈怠,决不能因为困难而退缩,努力使中国特色社会主义展现更加强大、更有说服力的真理力量"①。党的十八大以来,以习近平同志为核心的党中央以巨大的政治勇气和强烈的责任担当不断推进中国特色社会主义伟大事业,并在推进伟大事业的生动实践中不断开辟认识新时代真理的道路,形成习近平新时代中国特色社会主义思想。以《习近平谈治国理政》第 3 卷的话语体系为例,《习近平谈治国理政》第 3 卷集中展示了马克思主义中国化的最新成果,习近平总书记围绕治国理政提出的许多具有原创性、时代性、指导性的重大思想观点、系列经典话语蕴藏着卓越的政治智慧,闪耀着科学真理的光辉,彰显着深刻性话语的磅礴伟力。

　　21 世纪马克思主义话语依然在场,并且每逢人类社会遭遇重大事件,每逢人类站在历史的"十字路口",马克思主义话语就会强势出场。这不仅仅在于具有深刻性的话语展示了真理的力量,还在于马克思主义话语是为人民大众言说的话语,是符合人民群众生活的通俗化表达的话语。使自己的理论话语大众化是马克思著书立说的基本原则和追求。在《雇佣劳动与资本》中,马克思指出:"我们力求说得尽量简单和通俗,我们就当读者连最起码的政治经济学概念也没有。我们希望工人能明白我们的解说。"②大众化也体现在马克思主义经典作家对书的命名上,"朴素的书名无疑是最好的;蔑视嘲笑在书的正文中已经够多的了"③。思想政治教育话语体系的创新要勇攀具有深刻性思想理论的高峰,还要致力生动形象的大众化话语表达。这就是说,任何承载着特定思想的话语体系,包括具有鲜明人民立场的、揭示人类社会发展规律的马克思主义话语体系,如

①　习近平.习近平谈治国理政(第 3 卷)[M].北京:外文出版社,2020:70.

②　马克思,恩格斯.马克思恩格斯选集(第 1 卷)[M].中共中央马克思恩格斯列宁斯大林著作编译局,编译.北京:人民出版社,2012:328.

③　马克思,恩格斯.马克思恩格斯全集(第 30 卷)[M].中共中央马克思恩格斯列宁斯大林著作编译局,编译.北京:人民出版社,1974:103-104.

果不被人民群众掌握就无法转换为改造客观世界的物质力量,就无法发挥作用。理论要掌握群众,就要说服群众。而理论说服群众当然离不开具有大众化、通俗化色彩的话语。应当说,呈现与表达思想理论的话语体系在深刻性与大众化上是存在一定张力的,但绝不意味着深刻性与大众化是根本对立的。例如,马克思主义经典作家在揭露封建贵族的丑态与虚伪时,写道,"每当人民跟着他们走的时候,都发现他们的臀部带有旧的封建纹章,于是就哈哈大笑,一哄而散"①。这种兼具深刻性与大众化的隐喻话语表达不仅深刻地揭示了封建主义的虚伪性与反动性,而且生动形象地教育了人民群众。大众化的话语体系贴近言说对象的现实生活,生动形象地在言说主体与言说对象之间构建了"同一"在场的意义空间。因此,新时代我们创新的思想政治教育话语体系理应是通俗易懂的。

(四)如何创新:批判性与建构性的辩证统一

马克思主义的诸多经典话语就是在批判的基础上建构起来的,没有批判性就无法准确把握马克思主义,也无法创新思想政治教育话语体系。批判是前提和基础,建构与创新才是目的。思想政治教育话语体系的创新必须坚持批判性与建构性的辩证统一。

中国共产党人所推进的伟大事业不是为了个人的事业,是为了人民的事业。在以往有关"为了什么人"的研究中,有一种误解需要我们给予特别关注和澄清。有些人从个人权利本位出发,认为个人是社会的基本单位,奉行极端个人主义。在这些人的视野里,只有为个人利益的奋斗才是"看得见摸得着"的现实性事业,才是正义的事业,这些人甚至将个人权利本位的理论来源追溯到唯物史观中"现实的人",这其实是一种个人本体论。马克思在解释历史唯物主义的前提时指出,"这是一些现实的个人,是他们的活动和他们的物质生活条件,包括他们已有的和由他们自己

---

① 马克思,恩格斯.马克思恩格斯选集(第1卷)[M].中共中央马克思恩格斯列宁斯大林著作编译局,编译.北京:人民出版社,2012:423-424.

的活动创造出来的物质生活条件"①。"现实的个人"包括个人,但决不能像个人本体论一样将"现实的个人"化约、归结、解读为个人,决不能将"现实的个人"解读为抽象的、原子化的个人,个体本体论是对马克思历史观理论逻辑的拒斥和背离,是错误的。深刻的原因在于,"这里所说的个人不是他们自己或别人想象中的那个个人"②。历史的真正本体只能是"体现了这些物质生产活动总要求、体现了具体的社会关系总和的人"③,即人民主体论,而非个人本体。"人民群众创造历史"是历史唯物主义的根本观点,习近平新时代中国特色社会主义思想对这一根本观点作出了创造性回应,实现了"从人民群众创造历史到以人民为中心的理论跃升"④。"以人民为中心"的话语既有力驳斥了"个人本体论",又生动彰显了在推进中国特色社会主义事业的过程中"中国共产党所做的一切,就是为中国人民谋幸福"⑤,体现了人民立场是我们党的根本政治立场。在《习近平谈治国理政》第 3 卷中,"人民"是贯穿 19 个专题、92 篇著作的高频词汇。从"我们的目标就是让全体中国人都过上更好的日子",到"人民是我们党执政的最大底气";从"人民对美好生活的向往,就是我们的奋斗目标",到"始终把人民放在心中最高位置",无不体现着以人民为中心的发展理念,无不内蕴着心系人民、为民担当的深厚情怀。"我将无我,不负人民""我们的目标很宏伟,但也很朴素,归根结底就是让全体中国人都过上更好的日子"⑥的至真至诚话语表达,更是彰显着人民至上的博大情怀。

---

① 马克思,恩格斯.马克思恩格斯选集(第 1 卷)[M].中共中央马克思恩格斯列宁斯大林著作编译局,编译.北京:人民出版社,2012:146.

② 马克思,恩格斯.马克思恩格斯选集(第 1 卷)[M].中共中央马克思恩格斯列宁斯大林著作编译局,编译.北京:人民出版社,2012:151.

③ 侯惠勤.哲学与意识形态领导权[J].马克思主义研究,2019(3):12.

④ 侯惠勤.哲学与意识形态领导权[J].马克思主义研究,2019(3):15.

⑤ 习近平.携手建设更加美好的世界[N].人民日报,2017-12-1(2).

⑥ 习近平.习近平谈治国理政(第 3 卷)[M].北京:外文出版社,2020:134.

(五)创新效果:思想内化与行为外化的辩证统一

思想政治教育的对象是人,思想政治教育的根本目的就是"提高人们改造客观世界与主观世界的能力,在改造客观世界的同时改造主观世界"①。思想政治教育的话语交往实践旨在提升人的思想政治素质,服从思想政治教育的根本目的。一定意义上来讲,思想政治教育话语交往实践过程也可以看作思想政治教育话语对象化的过程,看作言说主体对言说对象话语劝服的过程。从思想政治教育话语言说对象的视角出发,思想政治教育话语体系的创新必须紧紧围绕人本身进行,其创新效果也必然回归到人。创新效果的评价有多重维度,其中最重要的一个维度就是思想政治教育话语体系的创新以及话语交往实践对言说对象所产生的效果。思想政治教育话语体系创新的效果首先要评价话语交往实践中言说对象的思想内化问题。思想内化既表现为思想政治教育话语言说对象自觉参与思想政治教育的话语交往实践,主动认知、认同言说主体的言说内容与言说方式,也表现在言说对象自觉学习思想政治教育话语体系,认同话语所内蕴的核心价值观念。思想政治教育话语体系的创新效果还体现在言说对象的行为上。"语言是思想的直接现实。"②思想政治教育话语言说主体对话语交往实践意义空间与价值空间的营造正是借助作为直接现实的话语。话语作用于人,人们的"思想、观点一旦形成,就决不会只停留在主观认识上,总要表现在人们的行动中"③。行为外化既表现为话语的言说对象自觉或不自觉地运用习得的思想政治教育话语言说,也表现在用习得的思想政治教育话语指导自己实践。需要指出的是,我们不能将言说对象对一定话语所内蕴的思想内化与言说对象的行为外化看作具有连续性的两个阶段,因为言说对象的思想内化与行为外化往往是相互交

---

① 张耀灿,郑永廷,等.现代思想政治教育学[M].北京:人民出版社,2006:136.
② 马克思,恩格斯.马克思恩格斯全集(第3卷)[M].中共中央马克思恩格斯列宁斯大林著作编译局,编译.北京:人民出版社,1960:525.
③ 张耀灿,郑永廷,等.现代思想政治教育学[M].北京:人民出版社,2006:137.

融的。在一定的思想政治教育话语思想内化中往往有行为外化,即在思想政治教育话语及其价值观念内化过程中会有相应的行为表现。言说对象行为外化中也有内化,即言说对象行为外化又会反过来强化话语言说对象的思想内化。两者实际上是言说对象在思想政治教育话语实践过程中联系密切但侧重点各有不同的活动,共同推动言说对象的思想政治素质不断向社会要求的方向发展。

新时代思想政治教育话语体系创新的理论资源

任何民族、任何哲学社会科学话语体系的创新都离不开对特定理论与文化资源的融通与借鉴，新时代思想政治教育话语体系创新也是如此。离开了话语体系生长的文化土壤与时代任务，要创新思想政治教育话语体系是不可能的，离开了话语体系的理论基础与实践要求，要创新思想政治教育话语体系是不可为的。因此，我们在论及新时代思想政治教育话语体系创新这一问题时就要认真爬梳其创新的理论资源。

第一节　新时代思想政治教育话语体系创新的理论指导

就"话语"而言,马克思主义经典作家并没有专著论述,也并未对"话语"本身进行集中系统的论述,但马克思主义思想宝库本身就蕴含丰富的话语体系,马克思主义经典论述也蕴含着丰富的话语思想。这些丰富的话语思想既体现在马克思主义经典作家对形形色色的非马克思主义、反马克思主义的批判与超越之中,也体现在马克思主义经典作家对"语言"的论述之中。不同于西方历史上两千多年的哲学话语传统——从抽象观念出发解释现实实践,马克思主义经典作家对此实现了颠覆性的变革,形成了包括对话语本质、话语生成、话语功能、话语立场等创新阐释,是新时代思想政治教育话语体系创新的理论指导。

一、马克思主义话语本质论

"全部社会生活在本质上是实践的。"[①]在马克思主义历史观的视野中,话语在本质上也是实践的。这就是说,话语是在人的历史性、社会性的实践中生成的,也必然随着人类社会实践的向前发展而不断发展。人是社会历史的"剧中人",也是社会历史的"剧作者",从哲学上讲,话语是"为人的"存在,也是"属人的"存在。话语的生成、发展与社会实践的发展即使不是完全同步的,但也一定是同向的。在不同的历史阶段,有的话语可能先于具体社会实践而生成,具有先进性的话语雏形可能早已构建出来,只是并未被社会大众所认知、认同。而有的话语可能滞后于具体社会实践而发展。话语是在属人的、为人的实践中生成、演化的,也是为人的社会实践所服务的,这就是话语的本质论。

肯认话语在本质上是实践的,即话语是"有根的存在",不是"无根的

---

① 马克思,恩格斯.马克思恩格斯选集(第1卷)[M].中共中央马克思恩格斯列宁斯大林著作编译局,编译.北京:人民出版社,2012:135.

飘摇"。话语的生成、演化并不是游离于人的社会生活的孤立式的存在，而是一种"被决定"的存在。对于这种特殊的"被决定"的存在不能误读。肯认话语的"被决定"存在方式并不能简单、机械地加以认识，不能抽象地将话语属性界定为绝对化的"被决定性"。事实上，话语的生成与演化也具有相对独立性。这既表现在话语一经生成就会对社会和个体产生一定的规范、引导、制约、形塑等作用，也表现在话语的演化、发展具有相对确定的规律，这种规律不是"预设论"，不是"既定论"，而是在人的历史性与社会性实践中多种因素相互作用的结果。正因为话语的生成和发展要受到人的历史性与社会性社会实践中多种因素相互作用的制约，某一历史阶段上的某一阶级话语的发展也会具有"自发性"的一面。也因为如此，话语对人以及人的社会实践的作用通常是多向度的。需要指出的是，强调话语是"有根的存在"并不意味着话语一旦生成就会长久存在，意义恒定，形式不变。话语是实践的，即意味着话语的生成、演化、发展过程是一个扬与弃、立与破、肯定与否定的统一。话语是"属人的"与"为人的"，也就意味着话语的生成与发展既根源于人的社会实践的发展，也离不开人的主观意识。虽然人的主观意识不能改变话语的生成与发展规律，也不能从根本上改变话语的发展趋势与基本方向，但人不仅是社会历史的"剧中人"，也是社会历史的"剧作者"，人的主观意识、主观努力、主观选择对于话语的扬与弃、立与破、肯定与否定具有不可忽视的重要作用。随着一定社会生产力的发展与生产方式、交换方式的变化，人们的主观意识、主观努力、主观选择对于丧失了现实性、落后于时代的话语体系发挥着加速的淘汰作用，对于具有现实性且符合社会历史发展未来趋势与基本方向的话语体系发挥着加速的发展作用。

二、马克思主义话语生成论

话语究竟是"生成的"，还是"既成的"？在马克思主义诞生前的历史中，这并不是一个得到清晰回答且彻底解决了的问题。在马克思主义思想散发出磅礴伟力之前，关于话语，有一类论调长期占据了西方思想史的高地。这种观点认为,思想和概念是真实的、永恒的、本原的存在,其必然是高于其他存在物的存在。循着这样的逻辑必然得出人类历史实际上是特定概念和思想的历史的结论,似乎"不变的概念支配着流动的社会生活,单一话语主宰着不同的社会关系"①。这实际上是一种"话语既成论",一句话,在"话语既成论"者的视野中,历史是思想概念的历史,是观念意识的历史。青年黑格尔派和老年黑格尔派就是典型代表,他们认为"宗教、概念、普遍的东西统治着现存世界"②。那么历史真的是思想和概念的抽象历史吗? 话语真的是"既成的"吗? 如果我们回到马克思主义历史观的理论视野当中就会找到科学答案。

在论及话语的生成这一命题时,马克思主义经典作家从这一命题的前提性、基础性问题切入,实现了对话语生成逻辑的科学解释,形成了对话语生成的规律性认识。任何一种观念、一种话语的生成都有着深刻的原因。话语是有根的存在,不是无根的生成。话语是必然性的产生,不是偶然性的存在。在马克思主义历史观的视野中,人类历史并非抽象的概念历史,话语并非"既成的",话语是人的劳动实践的产物,是在劳动中生成的,只要人们与人们的劳动存在着,它就仍然是劳动的产物。从话语的发展来看,话语具有历史性、暂时性。劳动和自然界在一起构成了财富的源泉,不仅如此,劳动还是"整个人类生活的第一个基本条件"③。正如"手不仅是劳动的器官,它还是劳动的产物"④一样,语言既是劳动的工具,也是劳动的产物。恩格斯曾以"唯一正确"的表述强调指出:"语言是从劳动

---

① 陈曙光,陈雪雪.话语哲学引论[J].中共中央党校(国家行政学院)学报,2019(2):52.

② 马克思,恩格斯.马克思恩格斯选集(第1卷)[M].中共中央马克思恩格斯列宁斯大林著作编译局,编译.北京:人民出版社,2012:144-145.

③ 马克思,恩格斯.马克思恩格斯文集(第9卷)[M].中共中央马克思恩格斯列宁斯大林著作编译局,编译.北京:人民出版社,2009:550.

④ 马克思,恩格斯.马克思恩格斯文集(第9卷)[M].中共中央马克思恩格斯列宁斯大林著作编译局,编译.北京:人民出版社,2009:552.

中并和劳动一起产生出来的。"①"劳动创造了人本身。"②恩格斯也曾以人与动物的比较具体解释了语言是如何产生的这一问题。动物不需要"分音节的语言"就可以实现信息的交流互通。但是,劳动的发展对人们的协作性和社会性提出更高的要求,且劳动的发展和劳动的协作过程让人"不得不说些什么"③,于是"清晰的音节""分音节的语言"逐渐生成。在自然状态下,动物不会视无法使用语言言说为一种缺陷,但是,在人类社会,不通过"分音节的语言"进行交流,人类就会感到缺陷。据此可以洞见,话语在劳动实践开始的地方生成,并随着劳动实践的发展而发展。

马克思主义经典作家认为真正的分工出现在"物质劳动与精神劳动分离的时候"④,因为正是在这种时候,"意识才能现实的想象"⑤,也正是从这个时候开始,"意识才能摆脱世界而去构造'纯粹的'理论、神学、哲学、道德等等"⑥。当意识在"物质劳动与精神劳动分离的时候"构造出理论、神学、哲学、道德时,理论、神学、哲学、道德的话语体系也才能相应地构造起来。马克思和恩格斯在《德意志意识形态》中也指出:"语言和意识具有同样长久的历史;语言是一种实践的、既为别人存在因而也为我自身而存在的、现实的意识。语言也和意识一样,只是由于需要,由于和他人交往的迫切需要才产生的。"⑤循着马克思、恩格斯的思想逻辑与理论视野可知,这一论述至少蕴含三层含义,第一,语言具有悠久的历史。第二,语言是一种意识,这种意识具有三个特征,这种意识是实践的,而非抽象的;

---

① 马克思,恩格斯.马克思恩格斯文集(第9卷)[M].中共中央马克思恩格斯列宁斯大林著作编译局,编译.北京:人民出版社,2009:553.

② 马克思,恩格斯.马克思恩格斯文集(第9卷)[M].中共中央马克思恩格斯列宁斯大林著作编译局,编译.北京:人民出版社,2009:550.

③ 马克思,恩格斯.马克思恩格斯文集(第9卷)[M].中共中央马克思恩格斯列宁斯大林著作编译局,编译.北京:人民出版社,2009:552.

④⑤⑥ 马克思,恩格斯.马克思恩格斯选集(第1卷)[M].中共中央马克思恩格斯列宁斯大林著作编译局,编译.北京:人民出版社,2012:162.

⑤ 马克思,恩格斯.马克思恩格斯选集(第1卷)[M].中共中央马克思恩格斯列宁斯大林著作编译局,编译.北京:人民出版社,2012:161.

这种意识具有为"我"与"他者"存在的双重属性;这种意识是具有现实性的,而非虚幻的。第三,语言的产生源于作为主体的人的需要,这种需要尤指人的交往需要。据此可知,话语是根据人的交往需要产生的,具有鲜明的社会性。这对思想政治教育话语体系的发展无疑具有重要的指导意义,显然,话语体系的创新发展也需要在话语交往与思想对话中才能实现。需要指出的是,论及话语的生成还需警惕一种关于话语生成的观点。德勒兹和迦塔利认为:"话语主体承担起整个运动,表述主体则处于休眠状态,一动不动地躲在蜘蛛网的旮旯里。"①由于话语体系具有相对独立性,话语一经生成,就会产生"话语生成话语"的现象。例如,"当西方的所谓'新自由主义'的话语体系形成后,就会产生一种支配性力量,让许多人开始不由自主地倾向于以新自由主义的话语说话,出现了所谓'话语产生话语'的现象"②。但即便如此,也不能得出话语从根本上是经由话语生成的这一结论。需要指出的是,无论哪一种话语体系,其在影响甚至是支配人的思想和行为时,不是话语体系完全的统摄人。人是社会历史的人,是具有主体性的,其言说的话语内容是深深地烙上主体印记的话语,其言说的话语内容是具有主体性的话语内容,且随着生产力水平的提高、生产方式与交换方式的发展,一定的话语体系在变化发展了的生产力水平与一定的时代条件下也会发生语义变化。因此,基于一种思想体系、理论体系的元话语会派生、延伸出诸多新的话语,但从话语生成的根本规律上来看,话语并非由话语生成,而是人的劳动实践的产物。

三、马克思主义话语本体论

话语本体论,也可以称之为话语存在论,存在论是关于存在之为存在的学问,归根到底是对原因、根据的追问。马克思、恩格斯有言:"思想、观念、意识的生产最初是直接与人们的物质活动,与人们的物质交往,与现

---

① 德勒兹,迦塔利.什么是哲学[M].张祖建,译.长沙:湖南文艺出版社,2007:74.
② 韩震.论话语的内涵、实质及功能[J].哲学研究,2018(12):121.

实生活的语言交织在一起的。"①在马克思主义的理论视野中,话语的本体论基础就在于人们的"物质活动"与"物质交往"。一句话,一定话语的生成和发展是与一定社会生产力的性质和物质生产方式的性质相适应的,也是为一定社会生产力的性质和物质生产方式的性质所决定的。

"意识在任何时候都只能是被意识到了的存在,而人们的存在就是他们的现实生活过程。"②也就是说,人类社会历史中存在的意识、思想、话语都是人们现实生活过程的"倒立成像"。不同的只是有的话语是对人们存在的现实生活过程的真实科学的描述与反映,有的话语是对人们存在的现实生活过程的虚假歪曲的描述与反映。同样,作为系统化、逻辑化的话语体系也是人们现实生活过程的反映。马克思和恩格斯这一经典论述适合于一切话语体系,既适合于资产阶级话语体系,也适合于无产阶级话语体系;既适合于非马克思主义话语体系,也适合于马克思主义话语体系本身。语言是思想的直接现实,话语如同人们的精神生产一样,也是物质关系的直接产物。人们是自己观念、思想等等的生产者,这个"等等"当然涵盖作为人们社会性交往的话语。需要指出的是,在马克思主义历史观视野中,这里的人们是"现实中的"人,是"从事活动的,进行物质生产的"人,因而他们和他们的话语一同受到一定物质的、不以他们任意支配的界限、前提和条件所制约,受到"自己的生产力和与之相适应的交往的一定发展——直到交往的最遥远的形态——所制约"③,而不是"玄想家们"视野下的人,不是极端个人主义视野下的人。

"不是意识决定生活,而是生活决定意识。"④同样,不是话语决定生活,而是生活决定话语,话语从来就不是、也不可能是脱离生活世界的抽象存在,不是、也不可能是游离于人们生活世界的存续与发展。话语归根到底是人们生活世界的产物,并且只要人们的生活世界继续存在,话语就

---

① 马克思,恩格斯.马克思恩格斯选集(第1卷)[M].中共中央马克思恩格斯列宁斯大林著作编译局,编译.北京:人民出版社,2012:151.

②③④ 马克思,恩格斯.马克思恩格斯选集(第1卷)[M].中共中央马克思恩格斯列宁斯大林著作编译局,编译.北京:人民出版社,2012:152.

仍将以生活世界的产物的存在而出现。没有从现实的社会生活出发,而是用观念统摄活生生的社会生活,将现实生活降低放置在思想、概念发展史上的程序,这一思想与话语是"从天国降到人间"。毋庸置疑,这颠倒、扭曲了话语与生活世界的关系。颠倒扭曲后的话语体系,青年黑格尔派的意识形态家们哪怕讲出的全是"震撼世界的话语",却也难以掩盖其保守性质,难以否定其为"最大的保守派"①事实。

四、马克思主义话语立场论

"为谁言说"是话语的立场问题。话语是为人而存在,不为人而存在的话语是不存在的。纵观人类历史,环视当代世界,无论是从应然上考察,抑或从实然上讨论,不持有一定立场的话语体系是不存在的。在人的依赖性阶段,"荣誉、忠诚"等标识性概念为代表的话语体系站在贵族统治阶级的立场上鼓与呼,而"自由、平等"等标识性概念为代表的话语体系是站在资本立场上言说,而"人的解放和自由发展"的话语则是站在无产阶级立场上言说。古往今来,对于话语体系的立场问题,不同的仅仅是究竟是"为什么人而言说"的立场,以及在何种程度上公开承认自己的话语体系立场。纵观话语发展历史,就"为什么人而代言"这一立场问题,有的话语体系旗帜鲜明、公开承认,有的话语体系羞羞答答、欲言又止,有的半遮半掩、吞吞吐吐,还有的掩盖自身立场并将自己的根本立场宣示标榜为"所有人"的立场。对于话语的分析与话语体系的讨论,我们必须用马克思主义的立场、观点和方法来加以审视与辨析。马克思主义话语体系与其他形形色色的话语体系存在分野甚至根本对立,那么,究竟是什么原因使马克思主义话语体系与其他话语体系存在差异与对立呢? 深刻的原因在于,马克思主义在对"现实生活过程"的分析与把握中与各种非马克思主义与反马克思主义秉持不同的立场、观点和方法。

---

① 马克思,恩格斯.马克思恩格斯选集(第 1 卷)[M].中共中央马克思恩格斯列宁斯大林著作编译局,编译.北京:人民出版社,2012:145.

　　一种话语体系所秉持的立场、所彰显的观点、所体现的方法虽然具有紧密相关与不可分割的性质,但需要强调的是,相较于"观点"和"方法","立场"问题是更为根本的问题,更具有核心的地位,更具有根本的性质。因为,站在错误的立场上,即便运用科学的方法,也无法得出正确的结论。在马克思主义历史观的思想逻辑与理论视野中,立场是相较于观点与方法更为根本的存在。黑格尔哲学所持的为普鲁士国家辩护的政治立场闷死了他的富有活力的辩证方法,就是具有典型性的例证。任何话语与话语体系都秉持、贯彻与彰显着特定的立场,不秉持一定立场的话语体系是不存在的。对于形形色色的话语体系来说,它们之间的分野并不在于有没有立场,而在于秉持何种立场,在于在何种程度上承认与公开自己所秉持的立场。基于共时态的维度,面对同一"现实生活过程",同一社会的不同阶级、不同生产关系有着不同有时甚至完全对立的利益诉求,各种相异有时甚至相对立的话语体系不过是特定阶级与生产关系的不同思想表达与观念反映。一句话,人们的现实生活过程的丰富性与复杂性是形成多元化话语体系的原因,多元化话语体系的存在是人们生活过程的现实成像。

　　与历史上任何思想理论呈现出的话语体系一样,马克思主义的话语体系也是秉持特定的立场。但需要指出和特别强调的是,马克思主义的话语体系与人类历史上以及与它同时代的话语体系具有明显不同,它在彰显话语体系所内蕴的立场时,不像其他话语体系那样,要么吞吞吐吐、竭力掩盖自身立场,要么将自己的立场标榜为"所有人",而是旗帜鲜明地给予清晰表述。恩格斯曾在马克思墓前动情而深刻地指出:"正是他第一次使现代无产阶级意识到自身的地位和需要,意识到自身解放的条件。"①作为思想家的马克思,其思想理论的话语体系与革命实践的价值出发点和立场归宿就是"现代无产阶级"。

---

① 马克思,恩格斯.马克思恩格斯选集(第3卷)[M].中共中央马克思恩格斯列宁斯大林著作编译局,编译.北京:人民出版社,2012:1003.

然而,在不少人的观念、意识以及著作中,把马克思主义话语体系误读、误释为"穷人"的话语体系、"被压迫阶级"的话语体系、"被剥削阶级"的话语体系。在这些人的视野中,无产阶级与"穷人"是互译、互释的,可以互相代替,无产阶级等同于被压迫阶级、被剥削阶级、穷人。从理论上澄明马克思主义话语体系的立场问题,不仅仅对于科学准确把握马克思思想体系具有基础性的理论意义,而且对于避免狭隘的道德同情主义与推动话语体系的创新发展具有重要意义。无论是马克思主义经典文本,抑或马克思主义历史观的思想逻辑,我们都能轻而易举寻觅其话语体系的真正立场。诚然,马克思主义曾对人类历史上的某些被统治阶级与被剥削阶级以及其境遇给予过道德上的同情,但这并不意味着这些阶级的历史作用一定是积极的。因此,对于这些阶级马克思并未给予肯认的、积极的评价。其实,在马克思主义历史观的理论逻辑中,统治阶级也好,被统治阶级也好,剥削阶级也好,被剥削阶级也好,穷人也好,富人也好,对他们的评价不是基于他们所处的阶级地位和财富掌握情况,而是依据其是否具有历史必然性与历史合理性。即便被统治阶级在道德上往往处于被同情的地位,更能获得社会的关注与支持,但一旦其丧失历史必然性,就无法得到正当性辩护。因此,马克思主义的话语体系既不是"穷人"的话语体系,也不是被剥削阶级的话语体系。这在马克思主义经典作家对"中间等级"和"流氓无产阶级"的批判论述当中就可以得到证成。以《共产党宣言》中的经典论述为例,"中间等级,即小工业者、小商人、手工业者、农民,他们同资产阶级作斗争,都是为了维护他们这种中间等级的生存,以免于灭亡。所以,他们不是革命的,而是保守的。不仅如此,他们甚至是反动的,因为他们力图使历史的车轮倒转"①。马克思主义实际上是代表社会发展必然性阶级的话语体系,实际上是代表人类社会历史进步方向的阶级——无产阶级的话语体系。在当代中国,马克思主义话语体

---

① 马克思,恩格斯.马克思恩格斯选集(第1卷)[M].中共中央马克思恩格斯列宁斯大林著作编译局,编译.北京:人民出版社,2012:411.

系立场就是"以人民为中心",思想政治教育话语体系创新的根本出发点和归宿点就是人民。为什么人的问题是哲学社会科学研究的根本性、原则性问题。中国共产党为人民谋幸福、为民族谋复兴的初心贯穿于治国理政的各个阶段、各个方面、各个环节,反映在思想政治教育话语体系的立场与价值上必然是以人民为中心的话语底色。

五、马克思主义话语功能论

"'精神'从一开始就很倒霉,受到物质的'纠缠',物质在这里表现为振动着的空气层、声音,简言之,即语言。"[1]精神要受到语言的"纠缠",既表明语言对于精神的制约作用,也彰显了作为话语最初形式——语言的重要功能。从猿到人的历史时期,作为话语的原始形式,语言在猿脑到人脑的过渡中曾发挥了巨大作用,正是"语言和劳动一起,成了两个最主要的推动力,在它们的影响下,猿脑就逐渐地过渡到人脑"[2]。在"野蛮时代的低级阶段"时期,话语是易洛魁联盟部落中氏族成员判断自己与他人社会关系的工具,既是标识身份社会关系的表征,也是强化社会关系的工具。正如恩格斯所言:"仅在方言上有差异的共同语言,便是共同世系的表现和证明。"[3]在宗教改革的特殊时期,话语具有凝聚团结人心的功能。马克思曾在论及路德宗教提纲的凝聚团结作用时指出:"骑士和市民,农民和平民,觊觎大权的诸侯和低级僧侣,隐蔽的神秘派和博学多才的、专写讽刺诙谐作品的反对派作家,他们追求的目标千差万别而又纷纭错杂,但路德的论纲一时却成了他们的普遍的、共同的语言,这种共同语言以出

---

① 马克思,恩格斯.马克思恩格斯选集(第1卷)[M].中共中央马克思恩格斯列宁斯大林著作编译局,编译.北京:人民出版社,2012:161.
② 马克思,恩格斯.马克思恩格斯选集(第3卷)[M].中共中央马克思恩格斯列宁斯大林著作编译局,编译.北京:人民出版社,2012:992.
③ 马克思,恩格斯.马克思恩格斯选集(第4卷)[M].中共中央马克思恩格斯列宁斯大林著作编译局,编译.北京:人民出版社,2012:106.

人意料的速度使他们团结起来。"①

　　在不同历史阶段,话语都具有重要的功能。马克思主义实现了对以往哲学的变革,从话语的宏观功能视角看,话语具有"解释世界"与"改变世界"两大功能。马克思主义认为话语具有"解释世界"的功能,这种解释世界功能的发挥取决于话语是否具有强大解释力。具体而言,这种解释力取决于表征理论的话语的彻底性。理论只要彻底,就能说服人。抓住事物根本的话语具有彻底性,具备强大解释力。立足当今世界,马克思主义的话语体系在百年未有之大变局的 21 世纪依然强势在场,正是马克思主义话语体系抓住事物根本、具备彻底性的现实证成。这种解释力也取决于话语的通达度。话语不是学术共同体的概念游戏,不是学术圈的"自嗨"。话语只有具备大众化、生活化、通俗化才能缩小理论与现实的间距,才能跨越理论与现实的鸿沟,才能说服人、掌握群众,进而转变为物质力量。话语具有"改变世界"的功能。资本主义开辟的世界历史迫使东方从属于西方,资本主义的话语体系也随着资本的扩张而走向世界、影响世界,欠发达国家的话语体系被以霸权主义与强权政治为支撑、以资本为主导的话语体系所冲击,有些甚至沦落为他者话语体系的"试验田"。时至今日,在国际话语场域中,位居主导地位的资本主义话语体系仍然对世界发挥着重要作用。但在场的话语体系并不意味着是永久掌握了历史必然性的话语体系,习近平新时代中国特色社会主义思想开辟了当代中国马克思主义、21 世纪马克思主义,其话语体系是具有历史必然性与反映社会发展基本趋势的话语体系,具备"改变世界"的功能,有着重要的世界意义。环顾当今世界,逆全球化潮流涌动,单边主义盛行,贸易保护主义抬头,世界经济增长长期低迷,世界财富分配严重失衡,南北发展鸿沟愈加凸显。与此同时,冷战思维、霸权主义与强权政治依然在场,恐怖主义依然盛行,地区冲突持续不断。面对世界纷繁复杂的问题与人类遭遇的重

---

① 　马克思,恩格斯.马克思恩格斯文集(第 2 卷)[M].中共中央马克思恩格斯列宁斯大林著作编译局,编译.北京:人民出版社,2009:271.

大挑战,在如此重大变局和挑战的 21 世纪,人类又一次站在十字路口,不禁发出"世界怎么了、人类向何处去"的世界之问,不禁发出"合作还是对抗""开放还是封闭""多边主义还是单边主义"的时代之问。对此,习近平总书记站在历史正确的一边给出了"携手构建人类命运共同体"的话语答案,对于世界经济社会发展、全球治理产生了重大而深远的积极历史影响。

六、马克思主义话语评价论

任何一种话语体系,无论是从历时态的维度看,还是从共时态的维度看,都存在着比较与评价的问题。但这种评价不能抽象地展开,而是应该在具体的历史坐标中进行确定。马克思主义经典作家曾指出:"在贵族统治时期占统治地位的概念是荣誉、忠诚,等等,而在资产阶级统治时期占统治地位的概念则是自由、平等,等等。"①在马克思主义历史观视野里,"话语"的产生与发展都是为一定社会生产力水平性质和生产方式性质所决定的。对于生成于一定社会生产力水平、生产方式的话语而言,例如贵族统治时期的"荣誉、忠诚"等话语,其当然具备存在的历史必然性与合理性,但随着社会生产力水平的发展与生产方式的变革,"荣誉、忠诚"等一类话语存在的历史必然性与合理性也将丧失,取而代之的就是资本主义社会生产力和生产方式性质下的"自由、平等"等话语。因此我们对一定历史阶段上产生的话语的评价,不能简单地进行优劣抽象评价,不能简单地认为资产阶级话语体系优于封建贵族统治时期话语体系。一种话语体系即使是优秀的、先进的,也只是相对于产生它的生产力水平和它所服务的时代而言,这种优秀的、先进的话语并不具有超越历史的"永恒性",因为随着生产力水平的发展以及社会实践的发展,曾经是优秀的、先进的话语体系也可能变为阻碍社会进步与历史发展的枷锁与桎梏。一般而言,

---

① 马克思,恩格斯.马克思恩格斯选集(第 1 卷)[M].中共中央马克思恩格斯列宁斯大林著作编译局,编译.北京:人民出版社,2012:180.

从历时态看,任何一种话语体系可以进行以下评价:丧失现实性的落后话语体系,具有现实性的话语体系,不具有现实性但内蕴着人类社会历史发展趋势的话语体系。从共时态看,不仅同一时代不同阶级都有自己的话语体系,即使同一阶级内部的不同阶层、个人由于阶级立场、社会地位、经济利益以及人们自身的认识能力不同也会有不同的话语体系。多元话语体系并立、碰撞,一方面丰富了话语体系的内容,推动话语体系发展,另一方面也为人们信仰、践行话语带来挑战与困难。但这绝对不意味着任何话语体系都会得到合理与正当的肯认,面对多元话语体系及其内蕴的价值观念,人们要对不同话语体系的性质、本质进行科学准确的辨思,达到话语的理性自觉,进而做出科学、正确的选择。

我们不妨从马克思主义历史观出发,对于"斗争"这一话语展开分析。无论是从历时态的维度看,还是从共时态的维度看,对"斗争"的认定与评价都不是一个容易的问题。从历时态的维度看,面对人类社会中同一"斗争",不同时代的人们常常诉诸不同的评价。从共时态的维度看,面对人类社会中同一"斗争",不同的阶级、组织和个人会作出不同的评价,有些甚至是相对立的评价。那么,这是否意味着,"斗争"的正义与否是一个没有科学标准,无法进行评价的话语呢?当然不是。如何对斗争进行评价呢?衡量和评价"斗争"应当坚持马克思主义历史观,坚持绝对性与相对性的辩证统一。毋庸置疑,对于那些代表了它所处历史阶段上人类社会历史前进的方向,符合它所处历史阶段上的必然性要求的"斗争"来说,它的正义性、现实性、合理性就是确定无疑的,即具有绝对性。对人类社会历史发展过程中存在的多元化的"斗争"进行分析评价时,不能陷入抽象化和非历史的泥淖,而应根据社会历史发展的规律进行客观的、具体的、历史的分析。不能以封建贵族的"斗争"完全否定奴隶主阶级的"斗争",也不能以资本主义社会资产阶级的"斗争"完全否定封建贵族的"斗争"。无论奴隶社会也好、封建社会也好,还是资本主义社会也好,它们都是生产力发展的结果,都是随着生产力水平的提升和生产方式与交换方式的演进在一定历史阶段上的必然性产物,相对于它们各自所处的历史环境与历史条件而言,它们的"斗争"话语就具有现实性和合理性,就具有进步的性质,就应给予肯定的、正面性的评价。在评价与衡量"斗争"上,也应坚持相对性的一面。恩格斯指出:"以前一切现实的东西都会成为不现实的,都会丧失自己的必然性……"①历史是人的历史,社会是人的社会,由于人的实践水平是不断进步的,历史也是不断向前发展的。随着历史条件的变化,当时具有现实性的"斗争"话语有暂时性与相对性的一面,正如法国君主制在新的历史环境与历史条件下丧失必然性一样,在变化了的历史条件下,过去具有现实性的"斗争"会逐步丧失自己的必然性。资产阶级"斗争"话语的现实性是相对于它的历史条件而言的,并非具有永恒的现实性与进步性。随着人类社会历史的向前发展,丧失了历史必然性的资产阶级"斗争"话语必然被无产阶级斗争观所超越,这时资产阶级的"斗争"话语当然不能得到合理性与正当性的辩护。

第二节　新时代思想政治教育话语体系创新的中华基因

在哲学社会科学工作座谈会上,习近平总书记指出我国哲学社会科学的构建需要具备"挖掘历史"②的思路。新时代思想政治教育话语体系的创新不是无源之水、无本之木,而要处理好继承性与发展性的关系,在吸收优秀传统文化的话语基因基础之上创新发展。历史上看,在漫长悠久的文明发展过程中,基于特有的文化传统,我国形成了一套以儒家思想为代表的话语体系。中国古代"修身""齐家""治国"的诸多话语穿越历史的长廊依然闪耀着智慧的光芒。需要指出的是,中国古代的话语体系是适应封建社会生产力性质与生产方式性质的。按照马克思主义的观点,话语具有历史性与开放性,随着生产力水平的发展与生产方式的变革,一

---

① 马克思,恩格斯.马克思恩格斯选集(第4卷)[M].中共中央马克思恩格斯列宁斯大林著作编译局,编译.北京:人民出版社,2012:222.

② 习近平.在哲学社会科学座谈会上的讲话[N].人民日报,2016-5-19(2).

定社会的话语体系也会逐渐丧失其存在的历史必然性与合理性。但是，话语具有历史性，历史具有连续性，不能随意割裂历史。中国在长期的封建社会中也创造了灿烂的古代文化，对于表征与彰显灿烂文化的话语体系，我们要批判地加以继承，因此我们"向后看"中国古代的话语体系是为了我们更好地"向前看"，这是我们考察中国古代话语体系应该秉持的科学态度。虽然中国古代并无"思想政治教育"一说，但是作为巩固统治和教化百姓的工具，思想政治教育是确定无疑的历史存在，其存在的话语样态便是"修身""教化""化民成俗""化性起伪"等等。虽然中国古代也无法论及"思想政治教育话语体系创新"等相关论题，但中国优秀传统文化中关于思想政治教育话语的重要性、话语的言说方式、言说内容、话语劝服的艺术等对于新时代思想政治教育话语体系创新有着重要启示。

一、"君子枢机，可不慎乎"

中国古代，人们对于话语的重要性有着精深的认识。被誉为诸经之首的《易经》就有专门论述话语的内容。《易经·系辞上传》有云："言出乎身，加乎民；行发乎迩，见乎远。言行君子之枢机，枢机之发，荣辱之主也。言行，君子之所以动天地也，可不慎乎？"[①]也就是说，不能轻视言辞的功能与力量。这里的"身"意指统治者，就是说，话语虽出自统治者之口，却对普通社会民众产生重大影响。言语与行为就好比门枢与弩机，关乎君子的荣誉或耻辱。君子的言语与行为甚至可以让天地受到影响，对此能不谨慎吗？这就启迪我们在话语交往实践中要关照话语的运用与表达，善于用恰当、准确的话语传播信息，用科学、恰当的话语向言说对象澄明科学的理论。同时，《易经》还指出："君子居其室，出其言，善则千里之外应之，况其迩者乎。居其室，出其言，不善则千里之外违之，况其迩者乎。"[②]也就是说，倘若君子的言语是"善"的、好的，符合"道"的，即使君子居于家

---

①②　于春海.易经[M].长春:吉林文史出版社,2010：191-192.

中,也会得到千里之外的回应,何况近处呢? 如若言语是"非善"的,是不符合"道"的,千里之外也会背弃它,何况近处呢? 从这个意义上讲,话语甚至具有超越空间的功能,这就启示我们思想政治教育言说主体要善于修"善言",言"善言",谨言慎行才能更好地教育引导言说对象思想观念、政治素质、道德素质的发展。开而当名,辨物正言,断辞则备矣。这就是说,建立适当的名称,辨别择取适合道理的话语,那么判断吉凶的卦辞就具备了。其引申义是,言辞及义非常重要,话语得当准确,更利于辨别事物,从而形成正确认识。比起"言不及义"的话语,"善"的话语一个重要维度就是"辞达"而已。此外,还有孔子曾道,"君子之道,或出或处,或默或语""名不正,则言不顺;言不顺,则事不成"①等,都强调了善的话语的重要性。韩愈也曾深刻地指出:"未得位,则思修其辞以明其道。"②虽然韩愈指的是在"未得位"的前提下论及的表述,但这仍足以证明"修辞明道"对于君子的重要意义。可以说,君子表达话语的差异以及话语表达的准确度,关乎话语的影响力及话语背后"道"的穿透力与传播力,因此君子要致力于完善、发展他的话语,进而以此来道明他的道理。对于话语的使用要仔细推敲、反复打磨,用恰如其分的话语来表达一定的思想。

话语不仅对于君子意义重大,而且对于治国安邦也有着重要价值。乱之所生也,则言语以为阶。这一论述意指社会的动荡与混乱往往为特定的话语所致使。鲁定公曾问孔子:"一言而可以兴邦,有诸?"孔子对曰:"言不可以若是几也。人之言曰:'为君难,为臣不易。'如知为君之难也,不几乎一言而兴邦乎?"曰:"一言而可以丧邦,有诸?"孔子对曰:"言不可以若是几也。人之言曰:'予无乐乎为君,唯其言而莫予违也。'如其善而莫之违也,不亦善乎? 如不善而莫之违也,不几乎一言而丧邦乎?"③针对鲁定公"一言兴邦,一言丧邦"的思考与追问,孔子的回答简单来说就是:

---

① 杨伯峻.论语译注[M].北京:古籍出版社,1958:140.

② 钱伯城.韩愈文集导读[M].成都:巴蜀书社,1993:47.

③ 杨伯峻.论语译注[M].北京:古籍出版社,1958:145.

如果知道做国君的艰难，就接近于一句话可以使国家兴旺。同样，倘若国君说的话不正确却没有人违抗，一言就真的可以使国家灭亡。"一言兴邦，一言丧邦"乍一听有危言耸听之感，实则不然。回顾历史，环视全球，在重要历史节点，"一言兴邦，一言丧邦"的案例不胜枚举，"发展就是硬道理""以人民为中心"等话语就是很好的例证。儒家思想中蕴含着对于话语重要性的丰富理解，将语言的重要性不仅与君子、统治者的个人修养相联系，而且将言语的重要价值上升到对封建社会国家兴衰的理解上来。一句话，话语对于教化百姓、治国安邦具有重要的意义。上述内容对于推动思想政治教育话语体系创新发展有着重要的启示，我们应该高度重视思想政治教育话语的重要地位，科学认识思想政治教育话语的重要价值，关注话语的生成逻辑，严谨运用话语，以"言辞达义"的科学话语传播思想、彰显立场，用严谨准确的思想政治教育话语教育引导言说对象，用恰如其分的思想政治教育话语指导实践。

二、"言近指远，守约施博"

孟子曰："言近而指远者，善言也；守约而施博者，善道也。君子之言也，不下带而道存焉。君子之守，修其身而天下平。人病舍其田而芸人之田——所求于人者重，而所以自任者轻。"①其意指，虽浅显直白但意指深远的话语就是好的话语，就是"善言"。操守简约而效果博大，那就是好的"道"，就是"善道"。君子的话语虽然简简单单，言说的是浅显直白的事情，但是深刻的"道"却内蕴其中。君子的操守在于以修养自身为始，进而使天下太平。人们的不足在于放弃自己的耕田转而去耕作别人的耕田，即对他人要求过多，而对自己则要求很少。孟子指出了"何为善"的话语，即"言近而指远"的话语。究竟什么样的话语才是"近而指远"呢？对此，孔子曾指出："能近取譬，可谓仁之方也已。"②孔子在这里阐明了实践仁道

---

① 孟子.孟子[M].任大援，等注译.合肥：安徽人民出版社，2002：238.
② 杨伯峻.论语译注[M].北京：古籍出版社，1958：69.

的方法,同样对于善的话语实践具有启示意义。也就是说,阐明道理,如果运用身边的案例、日常生活的话语,那么就更容易为人所接受,那么言说主体的言说内容也就更能为言说对象所认可、接受并认同。所谓"大道至简""大道至近"说的都是相似的含义。这就指出言说主体要提升具体的话语交往实践的有效性,要推动话语的创新必须用"近言"阐释"大道",用"善言"诠释"善道"。同时启发我们思想政治工作者要走近生活,思入时代深处,以简约话语诠释深刻思想,以"近言"载道,以至近话语诠释世界观、政治观、人生观、法治观、道德观等思想政治教育内容,不断提高思想政治教育话语的阐释力、传播力与影响力,使思想政治教育话语所传递的信息与内蕴的核心价值为言说对象所认知、信服与认同,从而有效提升思想政治教育话语交往实践的有效性,提升思想政治教育的话语权。

三、"言有三表,无言不行"

春秋战国时期百家争鸣,百家对于言辞普遍重视。针对如何明确辨析"是非利害",墨子提出"言必有三表",这里的"表"为"法则、准则、标志"之意。那么三种准则分别是什么呢? 墨子指出:"有本之者,有原之者,有用之者。于何本之? 上本之于古代圣王之事;于何原之? 下察百姓耳目之实。于何用之? 废以为刑政,观其中国家百姓人民之利。"①这就是说,言论的准则有三个,分别是本原的、探究的、实践的。其一,如何考究本原呢? 要向上以古代圣王的事迹为依据;其二,如何探究呢? 要向下体察百姓的日常生活实际;其三,如何实践呢? 将其当作刑法、政令,从中观察国家和百姓获取的利益。一句话,立言要有圣王历史经验,要有百姓现实经验,要有实践效果佐证。上述内容无论是对于具体的思想政治教育话语交往实践,抑或思想政治教育话语创新,都有着重要的启示意义。具体而言,思想政治教育话语体系的创新不能割裂历史,要有历史的文化基因,这样才能言之有据。思想政治教育话语体系创新不能脱离言说对象的生

---

① 墨翟.墨子[M].沈阳:辽宁教育出版社,1997:71.

活世界,要以实事求是的态度体察人民群众的日常生活,从人民群众的生活世界中汲取话语的滋养,同时,思想政治教育言说主体所言说的话语、所创新的话语要有实践效益,要于民有益。这就是说,思想政治教育话语创新要站在人民群众的立场言说,发人民之心声,为人民而言说。对人民而言说,创新的思想政治教育话语要能够丰富人民群众的精神生活,厚植人民群众的精神家园。

墨子还特别强调要以行践言,他指出:"言必信,行必果,使言行之合,犹合符节也,无言而不行也。"①话语一旦说出就要坚守信用,践行一定要果决,要使得言与行相符合,就好比古代用以调兵遣将、传达命令的凭证——符节,没有言语说出而不践行的。"名不可简而成也,誉不可巧而立也,君子以身戴行。"②其意指,名望不能轻易获取,名誉不能投机取巧而立,君子要身体力行,以身戴道而行。此外,墨子还特别肯认与崇尚可以影响人们行为的话语,他指出:"言足以迁行者常之,不足以迁行者勿常。不足以迁行而常之,是荡口也。"③也就是说,有利于改正行为的话语我们就应该推崇它。上述内容对思想政治教育话语创新具有一定的启发意义,思想政治教育话语是"为人的"话语,思想政治教育话语的归宿点在于人,思想政治教育话语交往实践要教育引导言说对象内化思想政治教育话语所内蕴的价值观念、精神实质。但知情意信的归宿点在于"行",因此思想政治教育所聚焦的话语不仅要能坚定言说对象的信仰信念,还要能启发引导言说对象以马克思主义,特别是马克思主义中国化、时代化最新成果,指导自己的实践。

四、"不愤不启,不悱不发"

儒家思想蕴含着丰富的话语劝服与教育引导内容,孔子说:"不愤不

---

① 墨翟.墨子[M].沈阳:辽宁教育出版社,1997:33.
② 墨翟.墨子[M].沈阳:辽宁教育出版社,1997:3.
③ 墨翟.墨子[M].沈阳:辽宁教育出版社,1997:112.

启,不悱不发。举一隅不以三隅反,则不复也。"①对此,儒学集大成者朱熹释义"愤者"为心求通而未得之意,释义"悱者"为口欲言而未能之貌。"启",谓开其意;"发",谓达其辞。也就是说,教育者要在教育对象抱有自觉的求知之心而未能达到求知的目的时给予教育对象"启",启发、引导教育对象追求知识与意义;教育者要在教育对象想要言说却又无法找到准确合适的话语表达时给予教育对象"发",引导、促使教育对象运用恰当的话语通达言说。"不愤不启,不悱不发"既是孔子倡导的教育方法,也是儒家思想教育内容的基本特征。"不愤不启,不悱不发",主张在教育者与教育对象的思想交流中循循善诱,循序渐进,在言说对象"不启"与"不发"的情境下,作为言说主体的教育者帮助教育对象理解言说内容,这对于思想政治教育话语言说主体在与言说对象进行话语交往时所应运用的话语言说方式与言说方法具有积极的启示意义。如果从言说对象的本位视角看,愤启悱发法是基于言说对象的话语交往的实践方法。孔子以外,儒家思想的另一位代表人物荀子也特别强调"谈说之术",即应从言说对象出发,用恰如其分的言说内容与言说方式提升"谈说"之效。荀子曾道:"谈说之术:矜庄以莅之,端诚以处之,坚强以持之,分别以谕之,譬称以明之,欣欢、芬芗以送之,宝之珍之,贵之神之。如是则说常无不受。虽不说人,人莫不贵。夫是之谓为能贵其所贵。传曰:'唯君子为能贵其所贵。'此之谓也。"②就是说谈话言说的方法在于要用庄重严肃的态度对待他,要用正直诚恳的态度对待他,要用坚定刚强的信念帮助他,要用恰当的比喻启发他,要用分析比较的方法使他明晰,热情和气地向他传授,要使自己言说的话语被珍惜、重视、崇信,这样,话语劝服往往就不会不被认可与接受。荀子指出使人接受自己言说话语的七大方法,丰富了孔子的愤启悱发法。荀子主张的谈说之术非常重视言说对象的认知体验与接受之道,是话语传播的恰切之道。这启发思想政治教育话语言说主体要充分发挥主体

①　杨伯峻.论语译注[M].北京:古籍出版社,1958:78.
②　荀况.荀子[M].沈阳:辽宁教育出版社,1997:17-18.

性,遵循话语劝服与话语交往的规律,以信念、意志、情感、知识等引导言说对象认同思想政治教育话语所内蕴的价值观念。除此之外,儒家思想还非常重视"君子耻其言而过其行"①。"言过"其实不应该是君子作为,"巧言令色,鲜矣仁"②。有仁德的君子应该言行一致,以行践言。这就启示思想政治教育话语言说主体要重视思想政治教育话语,更要重视"身教",以自身的行动践行思想政治教育话语,才能对言说对象有鲜活的示范作用,从而更好地提升思想政治教育话语对象化的有效性。

法家思想强调要以法的制约、规范作用来支撑、增强话语的影响力。如韩非子有言:"法不阿贵,绳不挠曲。法之所加,智者弗能辞,勇者弗敢争。"③韩非子还强调要说服、把握言说对象的心理。正所谓"凡说之难:在知所说之心,可以吾说当之"。而纵横家鬼谷子及其学生苏秦、张仪总结出的雄辩之术,则注重话语言说的策略与技巧。除此之外,中华优秀传统文化中"仁义""德才""民本""亲民""诚信""家与国""公与私""得与失""利与义""礼与法""天下为公""知行合一""协和万邦"等话语蕴含着丰富的政治教育思想,这也是我们推进思想政治教育话语发展研究可以借鉴的话语资源。可以说,中国古代关于话语的相关论述浩若烟海、不胜枚举。中国古代诸子百家对于话语重要性的认识以及对于话语言说的相关论述,彰显了我国古代思想政治教育在对话语主体言说方式、言说艺术、言说规律的认识以及对言说对象的把握等方面已经形成颇有见地的理解,这些话语智慧与话语艺术是我们推进思想政治教育话语体系创新发展需要汲取的文化养分。

---

① 杨伯峻.论语译注[M].北京:古籍出版社,1958:162.
② 杨伯峻.论语译注[M].北京:古籍出版社,1958:194.
③ 韩非.韩非子[M].沈阳:辽宁教育出版社,1997:12.

第三节　新时代思想政治教育话语体系创新的域外镜鉴

围绕新时代思想政治教育话语体系创新这一主题，对国外相关研究进行探究与整理，主要获得了以下思想资源：福柯的话语权理论、哈贝马斯的交往行为理论、葛兰西的文化领导权理论、巴赫金的对话理论。对于上述方面的思想资源进行探究与批判性借鉴，有助于推动新时代思想政治教育话语体系创新的全面深入研究。

一、福柯的话语权理论

福柯自称"戴面具的哲学家"，其关于话语的思想似乎也戴着面具。福柯从未将自己的研究束缚在固定的框架之中。从其博士学位论文《疯癫与文明》开始，福柯涉足话语研究。福柯对疯癫的关注不是基于医学角度，而是通过考古探究，在漫长的历史过程中考察疯癫在不同历史时期的境遇，进而考察关于疯癫的知识和话语是如何被建构起来的。福柯对于话语的考察是与他对权力、监狱研究等联系在一起的。福柯热忱投身于社会运动，并积极支持改善犯人人权状况，政治活动的参与引发了他对权力的深层次结构思考，促使他对权力引起的监禁、惩戒等问题的思考。从福柯的研究旨趣来看，涉及疯癫、精神病、监狱、权力等方面，福柯的思想内容极其庞杂分散，但产生了深远影响。微观政治学、女性主义等后现代理论都在汲取其理论成果。福柯的话语理论内容丰富，限于研究主题及篇幅，我们将研究聚焦其话语权理论。

福柯拒斥对话语进行本质主义的讨论，可能是话语内涵的丰富性存在，使得福柯在这一概念的使用上并未赋予固定的分析框架。"话语"在福柯不同的著作中以不同的侧重点释义走近"话语"本身。例如在《词与物》中，话语围绕着"知识型"展开，在《知识考古学》中，话语表述为更具流动性的"档案"。"档案是陈述的系统。"①在福柯的话语观中,福柯还将话语视为"政治事件",他认为借助话语"才得以运载着政权、并由政权又反过来控制着话语本身"②。由此,可深刻洞见福柯的话语观。从过程论的视角看,话语是一个生成、演化、不断发展的过程,既反映着一定的社会关系,也内蕴着特定的政治目的。在福柯的话语观视野中,权力是一个重要论域,福柯对权力的研究不同于自由主义的法权模式,也相异于马克思主义的模式,而是有着独特的研究旨趣。福柯超越传统权力观中对权力作一般性的政治权力的理解,他将权力视为更具普遍性的概念,视为具有不确定性、杂陈分布在社会生活的各个领域的存在,他"把一切事物之间的不均等的力量关系都视为权力"③。相较于传统权力观对权力主体的强调,福柯以辩证的视野既看到权力控制一面,又认识到权力冲突中斗争反抗的一面。相较于传统权力观对权力是压抑性的强制力量的强调,福柯则辩证坚持权力压抑性与生产性的统一,强调权力的生产意义与建构意义。这种生产意义与建构意义体现在福柯将话语与权力相联系,并以知识为辅助阐释自己的话语权力观。在福柯的理论视野中权力与话语(知识)是任何事物可以溯源与归结之所在。"权力和知识是直接相互隐含的;不相应地构建一种知识领域就不可能有权力关系。"④在福柯的思想逻辑中,话语既是权力的表征,又具有建构色彩,权力借助话语建构起来,正所谓"一种话语就是一种调控权力之流的规则系统"⑤。权力规训话语,话语受其控制,但也应该指出,这种规训并不意味着话语绝对服膺于权力,其未完全受到权力宰制,因为话语言说主体的主体性可以实现对话语的选择与批判。权力与话语相互隐含,这源于话语本身所内蕴的思想力量,

---

①　福柯.知识考古学[M].谢强,马月,译.北京:生活·读书·新知三联书店,2003:143.

②　冯俊,等.后现代主义哲学讲演录[M].北京:商务印书馆,2003:417.

③　杜敏.思想政治教育话语权研究[D].兰州:兰州大学,2018:75.

④　福柯.规训与惩罚[M].刘北成,等译.北京:生活·读书·新知三联书店,1999:29-30.

⑤　布朗.福柯[M].聂保平,译.北京:中华书局,2002:44.

所体现的理论魅力,所彰显的真理力量。就话语自身而言,无论是书面文本话语抑或口头言说话语,均为一定信息的传播,都是特定文化、思想、价值、意识形态的表达与彰显。可以说,话语权力就内蕴在话语的思想、理论与价值之中。一般而言,话语体系所内蕴的思想越深刻,所体现的真理越有力量,其话语权就越大。从这个意义上讲,话语权力根源于话语所内蕴的思想深刻性与理论真理性。据此,有什么样的思想理论体系就会生成什么样的话语体系。相反看,任何话语体系一旦生成,反过来既会呈现思想,也会塑造该思想理论体系的话语权。

福柯认为,权力通过大众喜欢的真理、知识等将本身藏匿于其中,在建构真理、知识话语中,权力掌握了主动权。不同于以往的是,权力不同于古代君王式权威,而是渗入人们的微观日常生活领域。这对于话语的有效性传播有着重要的启示意义,思想政治教育话语的融入式传播、渗入式言说对于话语的有效传播以及在言说主体与言说对象之间建立可及性的意义空间具有重要意义。日常生活领域是人们直接实践之域与意义生成之所,卢卡奇曾把日常生活比为河流,一切科学与艺术从这里分流并最终汇合于河流。据此,思想政治教育话语理应关注日常生活话语、学术性话语的运用,在表达方式上要以人民群众更能信赖、更能接受、更能认同的日常生活话语、知识性话语传播特定的价值,这样才能优化话语言说语境,赢得思想政治教育话语权。论及话语权,福柯曾深刻指出:"说什么并不重要,关键是谁在说。"①话语权的掌握往往在话语之外,而非话语本身。也就是说话语权的获得往往源于话语所依据的外在条件。任何话语体系或话语都是为人而存在,都要依靠话语主体、表达方式以及环境、载体等等。话语的言说主体、表达话语的方式、言说的话语语境等都会影响话语功能的发挥,都会影响话语能量释放的大小。在福柯看来,权力对于话语的优先支配地位和决定性值得重视和警惕。② 以国际社会中的国家话语

---

① 　陈曙光.中国时代与中国话语[J].马克思主义研究,2017(10):66.
② 　杨鲜兰.构建当代中国话语体系的难点与对策[J].马克思主义研究,2015(2):60.

权为例分析,国际话语权既取决于一国话语体系的传播力,所内蕴与外显的思想力、真理力,更取决于一国以综合实力为基础的国家硬实力。从这个意义上讲,福柯的观点是深刻的。我们推进思想政治教育话语体系创新发展当然要着眼与聚焦于话语体系真理的力量,以深刻的思想对内构建人们的精神家园,传播主流核心价值,对外阐释思想政治教育的时代内涵,传播符合历史发展必然性的价值主张,讲好中国故事,展示良好的中国形象。当然,也应该看到,话语问题往往不在于话语体系本身,而是在话语体系之外,在于国家硬实力。跳出话语理论的视角看,福柯的观点是值得我们反思的。具体而言,我们一方面要重视思想政治教育话语体系的构建与创新问题,另一方面也要夯实话语体系的根基问题——国家硬实力。不仅要用话语思想力赢得话语权,更要用国家硬实力支撑话语权;不仅要用掌握的话语权言说支撑构成文化软实力的话语,更要用赢得的话语权辩护国家硬实力。

二、哈贝马斯的交往行为理论

西方马克思主义法兰克福学派第二代中坚旗手,德国当代著名思想家、社会学家、哲学家尤尔根·哈贝马斯在西方学界影响巨大并享誉世界,其建构的交往行为理论对于思想政治教育话语体系创新具有重要启示。一般情况而言,人类的交往行为离不开作为媒介的话语。无论是从生成逻辑视角出发来审视话语,抑或从话语的演化发展过程来考察话语,还是从价值论的视野来探究话语,一个显在的结论是:话语天然地具有"关系"属性,属于"关系"范畴。思想政治教育话语体系也不例外,它的生成、发展、演化以及运用都具有交往性,思想政治教育话语只有在思想政治教育交往互动的实践中才能彰显其价值,肩负起使命。据此,对新时代思想政治教育话语体系展开研究,特别是就其创新的理论资源进行爬梳时,就离不开对交往行为理论的讨论与镜鉴。

哈贝马斯通过对目的性行为、规范调节行为以及戏剧行为三种社会行为的分析,认为以上社会行为均具有交往限度,都不能称之为真正的交往行为。具体而言,目的性行为的交往限度表现为其沟通方式是间接的,此种行为模式中交往行为者的视野"只见自己";规范调节行为缺少行为者之间的"共通"与理解,其充其量不过是规范共识的付诸实现而已;至于戏剧行为则仅仅是观众单向度的"自我表现"。① 因此,以上社会行为均不能肯认为真正的交往行为,而"只有以语言为媒介的、为理解服务的、使行为者'得到合作'的行为才是交往行为"②。哈贝马斯在扬弃三种社会行为基础上提出了"真正的交往行为"。在这里,哈贝马斯对交往给予主体间互动关系过程的理解与阐释,这种互动关系需要借助语言等媒介以及运用对话的方式,并特别指出交往的根本目的在于达成同一,服务于"理解"与共通,并使参与交往的行为主体实现真正合作。从中可以看出,其一,交往行为的目的与旨归在于交往行为主体间的"理解"与"合作";其二,交往行为需要以语言为媒介,需要以对话的形式展开;其三,交往行为是交往主体间的实质关系行为。显而易见,在哈贝马斯的交往行为理论中,作为媒介的语言是一个核心话语。对于思想政治教育话语交往实践而言,哈贝马斯的交往行为理论启发意义可能在于话语交往的目的要回归话语言说主体与言说对象的"理解"与"合作",也就是说思想政治教育话语交往实践不能是单向度的话语输出,话语交往的目的应致力于交往理性,推动言说主体与言说对象之间的理解与共通,实现有效交往。

　　由于交往行为主体之间是以语言为媒介,因此,交往理性的实现就离不开语言的有效使用。哈贝马斯进一步指出达到理解与合作有三项要求,即"(1)对一个被陈述内容的存在性先决条件,他要求真实性;(2)对规范(或价值),他要求正确性(或适宜性);(3)对表达的意向,他要求真诚性"③。一句话,有效交往行为的语言需要具有真实性(客观性)、正确性、真诚性,只有满足这样特性的语言才能在交往行为主体之间构建起可理

---

① 　哈贝马斯.交往行为理论:行为合理性与社会合理性[M].曹卫东,译.上海:上海人民出版社,2004:95.

② 　欧力同.哈贝马斯的"批判理论"[M].重庆:重庆出版社,1997:258.

③ 　哈贝马斯.交往与社会进化[M].张博树,译.重庆:重庆出版社,1989:67.

解的、客观的话语空间与价值场域,才能实现有效的话语交往。那么对于思想政治教育话语体系创新而言,言说主体要致力于以真实客观的话语言说,选取恰当的、可理解的、可领会的话语表达,才能实现言说主体与言说对象的"同一",以便言说对象可以认知到言说主体传递话语及其背后的思想观念、价值。言说主体要融情于道理,真诚地表达言说内容与言说意向,以使言说对象从心理情感上能信任言说主体所言说的话语。言说主体要言说正确的话语,就思想政治教育话语而言,所谓正确的话语,首先就表现在立场正确,因为立场相对于观点与方法更具有根本性。因此,思想政治教育言说主体要言说正确立场的话语,必须全面真实地反映话语所描述与阐释的对象,以便言说对象可以体认到言说主体真实陈述的内容与意向,从而使言说主体与言说对象能够在一定社会规范要求的话语中达至"同一"。思想政治教育话语具有政治性,可以说也具有一定权威性,但不能据此仅仅强调话语的权威性,哈贝马斯的"交往理性"对思想政治教育话语实践中言说主体与言说对象之间的关系问题提供了积极的启示。在哈贝马斯的交往行为理论中,"交往理性"是一个核心概念,其强调致力于共通与同一基础上的交往,而"以权服人"从根本上讲是无效的、徒劳的。从目的论看,哈贝马斯的交往行为理论致力于推动社会合理化,而要实现这一目标,首先必须实现"交往理性"。此外,还有一些学者论及主体间性的相关论题时将哈贝马斯的"主体间性"话语简单套用、机械移植到思想政治教育的论题当中,我们需要特别给予澄明的是,哈贝马斯的主体间性是针对交往主体间的话语关系而言,而不是将主体间性置于宏观的教育关系而言。当前有关主体间性的思想政治教育研究实际上是对哈贝马斯主体间性话语与思想的泛化套用,偏离了哈贝马斯的主体间性思想。当然,这并不是说针对哈贝马斯主体间性的话语与思想不能意义再赋,而是说对此要有清晰的自觉意识,确证基于话语关系的主体间性思想与基于宏观一般性教育关系的主体间性思想在理论上与实践中都是需要加以区分的,这是我们在推进思想政治教育话语体系的创新研究与思想政治教育话语交往实践需要自觉加以辨析与确证的。

三、葛兰西的文化领导权理论

葛兰西既是富有创造性的理论家，又是充满热情、极具实践精神的实践家。基于实践哲学的视野而提出文化领导权理论，让他在西方学术界被称为"上层建筑理论家"，其文化领导权理论的问题导向是解释"西欧社会主义革命屡屡失败与俄国革命依靠政治暴力成功之间的鲜明对比问题"①。在葛兰西的思想逻辑与理论视野之中，文化领导权不是国家机器的强制性力量，也不能由人们自觉意识而生成对其的支持与拥护，而是在教化、引导的文化感染下达到对现存社会制度的"同意"。其文化领导权理论中蕴含着丰富的语言思想。葛兰西曾在早期著作中就明确指出语言的学习实际上就是特定"文化表达方式"的习得，并强调语言创新的产生与异质性文化碰撞之间所具有的不可分离的性质。他认为："语言不存在单性繁殖，语言生产着其他语言。"②巴赫金认为话语是社会性的存在，其关于单一声音与两个声音的论述也从另一视角印证葛兰西的观点。巴赫金认为单一声音在结束与解决问题面前是无能的，而只有具备"最低条件"的两个声音才是生命与存在的限度条件。巴赫金不仅将对话视为话语的本质，还进一步提出生活本质就是"对话"，将参与对话上升为生活本质。他认为生活意味着参与对话，以整个身心投入话语之中。巴赫金的对话思想与葛兰西早期著述当中语言创新产生于不同文化的碰撞相互印证，这对思想政治教育话语体系创新启示在于文化的碰撞与对话对于新的话语的生成以及话语创新的实现有着重要意义。因此，推进话语的创新就要积极促进异质性文化的相互碰撞，在参与不同文化全部生活过程中与其进行积极对话，在学习不同文化表达方式中提炼新的概念，优化话语言说方式与言说语境，在学习不同言说对象的文化表达方式中、在与不

① 路向峰.论葛兰西文化领导权理论的出场语境与价值向度[J].教学与研究,2016(8):97.
② Gramsci A. Selections from cultural writings[M]. Trans by W. Boelhower. London: Lawrence & Wishart,1985: 177-178.

同文化的对话中创新话语体系。

葛兰西在 20 岁进入都灵大学学习现代语言学,意大利新语言学派大师巴托利对葛兰西的语言学习产生了重要影响。在葛兰西的语言观中,语言与文化密不可分,语言是文化的概念。葛兰西对语言的研究有着特殊的研究旨趣,他将语言学的研究与社会现实紧密联系起来,反对对语言问题进行简单、单纯的抽象学术研究。葛兰西的语言研究范式突出语言的功能论,葛兰西关照语言,但更关照语言之外的世界。这是深刻的,就如同我们对话语权的研究一样,话语权的获得与争取是我们哲学社会科学的重大任务,但是话语权的掌握往往不能聚焦话语与话语权本身。一句话,话语权的掌握往往在话语之外,而不是话语本身。在葛兰西看来,语言是现实社会的一个组成部分,对语言的学术关照服务于语言之外的现象与世界。著名学者皮帕诺认为,葛兰西对术语隐喻的运用从更为严格的意义上讲是服务于语言域外现象的解释,正如其言:"'语言''世界语'和'词汇'等术语的隐喻使用,以解释严格意义上语言领域之外的现象。"①

意大利南北经济发展的不平衡以及不同地区、不同阶层使用多元异质的地区方言,引致意大利现代性畸形发展。对此,葛兰西看到各阶层、各地区之间由于对话不足而毫无凝聚力的客观现实,意大利这种处于"严重的社会分裂"状态使得葛兰西对于语言研究有着与其他理论家不同的思考。葛兰西超越简单地将语言归于上层建筑的理解,而将文化与语言为代表的异质世界观引发的差异也归于造成阶级差异的重要因素。不同于现代语言学的语言结构决定论,葛兰西给予语言以历史唯物主义的阐释。葛兰西的语言观肯认的是语言的历史性,拒斥的是语言的"既成论";肯认的是语言的生成性、开放性、流变性,拒斥的是话语的先验论,否认话语先于实践而存在。他明确提出语言的实质就在于其是"集合名词",语

---

① Lo Piparo F. Language,Intellectuals and Hegemony in Gramsci[M]. Bari: Laterza, 1979: 135.

言"根本不会预先假定存在于时空之中的某种'唯一的'东西"。① 可以说，葛兰西关于语言的历史性构成了其基于历史唯物主义解释的语言观的核心。葛兰西对语言的理解与阐释指向了语言的生成逻辑，其拒斥语言既成论的立场，同时澄明了语言的生成性，这对于马克思主义经典作家的话语革命论形成了支撑，也对于思想政治教育话语的历史性理解与历史性生成具有重要意义。

　　葛兰西语言观还体现在以下几个方面。其一，语言创新的主体问题。在克罗齐的价值排序中看来，语言的美学价值高于语言的对话交流功能，克罗齐将语言学与美学视为可以互译互释、互为替代的，他说，"任何人研究普通语言学……也就是研究美学的问题"②。在克罗齐的理论视野与思想逻辑中，需要给予语言以美学的关照，并肯认人在推动语言学与美学中的重要作用。但需要特别指出的是，克罗齐肯认的人是个人或英雄，如"穆罕默德、但丁和路德等人分别对阿拉伯语、意大利语和德语的形成所起的奠基作用"③。而人民群众是在克罗齐的视野之外的，人类社会历史发展的真正主体并不在克罗齐的理论视野之中，人民群众在语言发展历史上的历史功绩是被淡化、边缘化甚至遗忘的。对此，葛兰西一针见血地指出："语言史是语言创新的历史，但是这些创新不是个体行为……它们是全社会共同体更新自身文化并历史性地'发展'的结果。"④葛兰西给予语言创新以历史唯物主义的阐释是深刻的。话语的创新与发展不能过分拔高某些历史人物的重要作用，当然更不能忽视甚至否弃人民群众在话语创新中的主体地位。其二，语言生成与运用的有根性。语言是有根的存在，不是无根的飘摇。针对影响民族统一的语言问题，意大利的知识分

①　Gramsci A. Selections from cultural writings[M]. Trans by W. Boelhower. London：Lawrence & Wishart，1985：174

②　克罗齐.美学原理[M].朱光潜，译.上海：上海人民出版社，2007：191.

③　李永虎.语言、历史与霸权：葛兰西对马克思主义语言学的建构[J].海南大学学报（人文社会科学版），2017(3)：10.

④　Gramsci A. Selections from cultural writings[M]. Trans by W. Boelhower. London：Lawrence & Wishart，1985：177-178.

子进行了积极的探索,例如曼佐尼提出了将佛罗伦萨方言统一为国语的方案、柴门霍夫提出了世界语——标准语方案。但在葛兰西看来,此种方案都是"法伦斯泰尔和幸福乐园般心态下的产物"①,都是一种乌托邦,是虚幻的、不切实际的。因为,深刻的原因在于,语言不仅仅是"与内容无涉的文字语法,而是已有观念和概念之总体",更深刻的原因在于语言是有根的存在,其生成与演化当然离不开一个民族的、具体的、历史的现实基础。而柴门霍夫的人造语言由于脱离历史的、具体的现实基础,必然会陷入"无根困境",其方案走向失败当然是不可避免的。这对思想政治教育话语体系的创新启示意义在于话语的创新不能脱离话语生成的现实基础,不能以"无根"的方式创新话语,话语从来不是概念到概念的抽象演绎,话语本身也好,话语创新也罢,其均为有根的存在。其三,对生造新词的批判。不可否认,历史上由于语言本身的多义以及误用,特别是在特定语境下引起的不可理解并不鲜见,甚至可以说,这种情况在一定意义上造成了哲学的混乱。著名社会学家帕累托就曾提出"语言是谬误的渊薮",他认为语言的多义与误用引起哲学的混乱,因此需要创造"一种有着数学一般清晰、严密的'词典',或编出一套抽象的语言形式理论"②,需要以数学一样严谨的语言、词典或语言形式来实现对传统语言的变革。葛兰西认为语言的发展演化有其内在规律,从过程论的视野看,作为一个特殊的隐喻过程,语言是持续不断的。③ 将语言具有的引申意义(符合语言的语义张力规律)从语言中剔除出来的做法不仅会导致语言变成僵化的、呆滞的东西,而且是违背语言的生成演化规律的,因而也是不现实的。一句话,剔除语言的隐喻色彩与引申意义既是不可为的,也是不能为的。

---

① Gramsci A. Selections from cultural writings[M]. Trans by W. Boelhower. London:Lawrence & Wishart,1985:30.
② 李永虎. 语言、历史与霸权:葛兰西对马克思主义语言学的建构[J].海南大学学报(人文社会科学版),2017(3):11.
③ Gramsci A. Selections from the prison notebooks[M]. Eds and Trans by Q. Hoare & G. Smith. New York:International Publishers,1971:450.

在葛兰西的思想逻辑与理论视野中,语言与文化领导权紧密相关,语言问题关涉"文化霸权"。他认为:"语言问题每一次浮出水面……要求在统治集团和民众之间建立更紧密、更稳固的关系,换言之,即去重组文化霸权。"①无产阶级要掌握文化领导权,就必须对现代资本主义社会进行文化批判,用新的文化与意识形态解构资本主义市民社会的文化阵地并建构自己的文化阵地,进而夺取市民社会中的文化领导权。这对于新时代思想政治教育话语体系的创新,掌握思想政治教育话语权,无疑具有重要启示。在葛兰西的理论视野中,夺取文化领导权离不开革命的"真正主体",在他的理论视野中这一"真正主体"即"有机知识分子",而赢得文化领导权就要加强有机知识分子对社会大众的"灌输"教育与引导,因为有机知识分子具有批判与建构新世界观的功能,这是其区别于传统知识分子的重要标志。当然,葛兰西的文化领导权理论也存在局限性,例如其对人民群众不会真正内化革命意识的结论是值得质疑的,他的人民群众"本身只能把哲学当作一种信仰来体验"②的结论无疑也是武断的。他认为无产阶级民众即使接受教育也不会上升为"有机知识分子",并将人民群众永远放置在客体位置的观点具有明显的局限性,这是需要加以科学辨析的。

四、巴赫金的对话理论

巴赫金的思想博大深邃,他的研究领域涉及民俗学、语言学、人类学、社会学、历史学、哲学等,是世界知名的文艺学家、理论家、符号学家。他提出了包括狂欢化理论、对话理论、复调理论、小说理论在内的一系列令人赞叹的理论。其中,对话理论是巴赫金理论体系中的核心理论。在对陀思妥耶夫斯基小说的叙述风格与叙事手法进行探究与分析过程中,巴

---

① Gramsci A. Selections from cultural writings[M]. Trans by W. Boelhower. London: Lawrence & Wishart,1985:183-184.
② 葛兰西. 狱中札记[M]. 曹雷雨,等译. 北京:中国社会科学出版社,2000:250.

赫金首次对其对话理论进行了系统诠释。巴赫金突破了近代西方哲学的传统理论视野,反对"自我绝对独立论"。在巴赫金的思想逻辑中"自我"从来就不是也不可能是独立式的整体存在,不具有绝对独立性,因而自我为"封闭自足完满主体论"是不成立的。在巴赫金的思想逻辑与理论视野之中,"对话"与"理解"是两个核心概念。巴赫金认为:"存在就意味着进行对话的交际。"①也就是说,人的社会存在决定了人与人之间的对话关系,其从存在论的视野肯认了主体间对话的必然性与可能性。"我"与"他者"具有不可分离的性质,离开他者我不能成其为我。发现自我须经两个环节,首先要在"我"身上发现"他者",接着通过"他者"找到"我"。"证明不可能是自我证明……我的名字……是为他者才存在的(自我命名是冒名欺世)。"②即是说,"他者"意识、观察等的介入、参与对于"我"的发现与确证具有特殊的意义。正是在这个意义上,巴赫金强调了"他者"的意义与对话的功能。因为"一切内在的东西,都不能自足……"③,因此,内在转向外部是必然的。在转向外部的过程中就会生成"对话",在交际中"为他者而存在,再通过他者为自己而存在"④。从中可以看出,在巴赫金的思想逻辑与理论视野中,"他者"是核心话语之一,"他者"的意义是"我"存在的前提。那么"他者"是什么呢?巴赫金认为他者是一种"与我相异且外在于我的主体或主体性存在"⑤。具体而言,这种主体存在包括三层指向:(1)指向具体的"你",具体的"他";(2)指向物质与环境,但这种物质必须是内涵着一定意义的,这种环境也必须是思想存在之场域;(3)指向一部分自我或者自我意识,这部分自我或自我意识的特别之处就在于是"我"希冀摆脱的。在巴赫金的思想体系与话语特质中,"他者"这一核心话语

① 巴赫金.陀思妥耶夫斯基诗学问题[M].白春仁,等译.北京:生活·读书·新知三联书店,1988:343.
② 巴赫金.巴赫金全集(第5卷)[M].白春仁,顾亚铃,译.石家庄:河北教育出版社,1998:379.
③④ 巴赫金.巴赫金全集(第5卷)[M].白春仁,顾亚铃,译.石家庄:河北教育出版社,1998:378.
⑤ 王建刚.狂欢诗学——巴赫金文学思想研究[M].上海:学林出版社,2001:44.

既构成了个人意识形成和自我证成的必要条件,也是贯穿其对话理论的精神彰显。"他者"外在于我且相异于我,每一个主体都是社会性与个体性的统一存在,每个个体的社会生活过程的相异性决定了个体具有鲜明的个性,彼此之间存在视野的"相异性"。这种相异性或者说异在性既规定了主体之间话语交往的意义,也决定了"我"与"他者"之间对话的至关重要性与不可替代性。在他的理论视野中,自我的思想与行为在与他者的对话中才能实现。一句话,自我的存在离不开他者,自我的存在当由他者参与才能完整。同时,正是这种相异性或者说异在性的存在以及对话的发生,主体之间才能通过话语交往消除理解壁垒,实现视域融合,进而在视域融合基础上达成意义空间的营造,形成全面正确的认识。正是在这个意义上讲,巴赫金的对话理论对思想政治教育话语体系创新具有重要启示意义。

巴赫金反对单一的、独白式的思维方式,在他的思想逻辑中,如果一个世界只肯认一种意识形态,只允许一种立场的存在,那么这样的世界就是反自然、反规律、非正义的。因此,排斥异在性的社会是不可取与不能为的。据此,思想政治教育的话语交往实践在教育引导言说对象理解、认知、认同蕴含主流价值话语的同时,应该保持个体性话语与主流价值话语的适度张力,不要将主流话语完全凌驾于个体性话语之上,以主流话语取代个体性话语。在巴赫金的理论视野中对话具有合目的性,话语是社会性的存在,单一声音在结束与解决问题面前是无能的,而只有具备"最低条件"的两个声音才是生命与存在的限度条件。"一切都是手段,对话才是目的。单一的声音……什么也解决不了。两个声音才是生命的最低条件……"①对于巴赫金将对话上升到目的论的阐述与诠释,我们应该在话语交往的实践中进行理解。巴赫金对"理解"的阐释是以"解释"这一概念为参照系的。"解释"与"理解"不同,既表现在涉及主体数量的差异,也体现在对象的差异。解释面向一个主体,理解需要两个主体在场。此外,对

---

① 陈太胜.巴赫金对话理论的人文精神[J].学术交流,2000(1):344.

于"理解"与"解释"的不同，巴赫金以自然科学与人文科学的比较进行诠释，自然科学对象的物化特殊性使得自然科学面向的是"解释"，"自然科学的对象……面对纯粹是客体的情况，不知道'你'"。因此，在这里对话以及对话关系是无法生成与在场的。"理解使对象人格化，被人格化的对象，具有无限丰富的涵义，可以在不断的对话中被揭示。"①

"自我"与"他者"概念对于思想政治教育话语实践的启示在于，话语交往至少在两个个体对话的基础上才能发生，有时这种对话甚至是多声部的。在话语交往实践中，每个个体都面临着主体建构的任务，言说主体的言说内容的选择、言说方式的优化等都归结为言说主体的主体建构。言说对象自觉认知到自己被特定话语交往实践塑造、被特定话语对象化的过程，并逐步认知、理解、认同言说主体所传播的知识体系、思想观念与价值体系，在特定的思想政治教育话语语境中自觉认同、积极配合、努力追求思想政治教育话语言说主体所引导的价值，体现出学习、接受、言说思想政治教育话语的主动性，都可以归结为言说对象的主体建构。巴赫金的深刻之处就在于主体间的自我建构需要在对话之中才能实现，才能实现充分的自我建构。主体间的对话能实现视野融合，使言说主体与言说对象同一在场，将彼此对于特定思想政治教育话语理论与实践的认知盲点在对方的主体性视野中进行他者的澄明，通过他者的视野反视自我，从而不断澄明对自我的认知，提升思想政治教育话语交往实践的有效性。因此，正是从这一意义上讲，有人认为巴赫金的对话理论是一种"关于人的主体建构的哲学理论"②。

综上，透过国外部分学者的理论视野来看，话语的理论张力可见一斑，这也为新时代思想政治教育话语体系创新研究提供了不同的理论视角与研究空间。话语研究源于且盛于国外，有意淡化、忽视或疏离国外的

---

① 刘雪丽，朱有义.巴赫金对话理论视阈下主体的自我建构[J].俄罗斯文艺，2019(4)：121.
② 陈太胜.巴赫金对话理论的人文精神[J].学术交流，2000(1)：109.

话语理论及相关理论无疑是不科学、不现实的,这对于创新思想政治教育话语体系、增强思想政治教育话语权并不是有益的。与此同时,需要指出的是,没有审慎批判、奉行拿来主义、机械移植国外话语相关理论是不可取的,简单套用西方话语、移植西式话语也是行不通的。简单套用"他者"话语不仅无法增强自身话语的传播力,而且可能在无意识中充当西方话语体系的"传声筒""复读机""应声虫",在西方话语体系中迷失自我。我们必须基于我国思想政治教育实践,坚持马克思主义的立场、观点与方法,在马克思主义的指导下对国外话语体系和话语相关理论进行审慎讨论与科学辨析,从而为思想政治教育话语体系创新发展提供有益的域外镜鉴。

第三章

新时代思想政治教育话语体系创新的现实境遇

整体性考察思想政治教育话语体系创新的现实境遇是探寻话语体系创新通达路径的重要基础。当前,思想政治教育话语体系的现状是怎样的？面对世界百年未有之大变局与中华民族伟大复兴的战略全局,新时代思想政治教育话语体系创新面临什么样的机遇？面对哪些挑战？这是我们展开新时代思想政治教育话语体系创新研究必须回答的基础性问题。

第一节 思想政治教育话语体系现状的整体性反思

自思想政治教育学科创立以来,在几代思想政治教育学人和学术共同体的努力下,思想政治教育话语体系的建设获得较大发展,特别是"言说什么"的言说内容建设取得基础性成就:初步构建了成体系的学科话语群、思想政治理论课教学话语群、政治宣传话语群等。毋庸讳言,思想政治教育话语体系在发展中也存在一些问题,如言说主体的主导性式微、言说对象的主体性缺失、言说内容的生动性离场、言说方式的辩证性不足、言说语境的涵容性不够、言说效果评价的科学性欠缺等等。

一、思想政治教育话语体系建设的基本成就

推动话语体系不断发展是思想政治教育学科设立以来的一个基本特征。思想政治教育在 40 年的发展历程中,理论界越来越认识到他者话语的限度及其研究范式的乏力。随着学科建设的发展,思想政治教育话语言说主体的话语自觉意识不断提升,话语自信不断增强,言说内容不断发展,言说方式的辩证性与科学性不断提升,在理论与实践双重面向的良性互动中,思想政治教育在推动自身学科发展、肩负时代使命、解决实际问题的过程中,逐渐形成了思想政治教育学科话语群、思想政治理论课教学话语群、政治宣传话语群等。

(一)思想政治教育学科话语群

在思想政治教育学科创立以前,中国共产党就积累了丰富的思想政治工作经验,但由于所处的特定历史阶段与历史条件的制约,思想政治教育长期处于经验性阶段。无论在风云激荡的革命年代,抑或轰轰烈烈的建设时期,我们党都积累了丰富的思想政治工作经验。但是在新民主主义革命时期,主要囿于战争阶段以及政工干部缺乏等客观条件的限制,思想政治工作并未上升到学科的高度来加以建设与研究。新中国成立后,

社会主义教育事业逐步推进,但是囿于当时人们文化水平有限、政工教师缺乏等客观条件的制约,思想政治教育依然迟滞停留在经验层面。党的十一届三中全会之后,随着全国各条战线的拨乱反正,思想政治工作也逐步走向正轨。而后,党的十一届六中全会再次强调思想政治工作是经济工作和其他一切工作的生命线的重要论断。1983 年 7 月,中共中央批转的《国营企业职工思想政治工作纲要(试行)》肯认了思想政治工作是一门科学,并且对政工干部培养、高校增设政治工作专业提出了明确的要求。而后,教育部设立"思想政治教育专业"并决定从 1984 年开始招生。自学科创立以来,一方面,思想政治教育将党在不同历史阶段形成的思想政治工作经验进行归纳总结,并上升到学理性高度具体展开研究,从而将工作中的经验转换为学科当中的学理性话语;另一方面,随着专业的设立,思想政治教育学科在发展的过程中遵循历史逻辑与学理逻辑,在理论与实践双重面向的良性互动中,思想政治教育学科建设取得长足发展。张耀灿教授将思想政治教育学科体系划分为基础研究与应用研究。随着思想政治教育基础研究的不断深化和应用研究的不断拓展,基础研究与应用研究的对话所构筑的研究场域不断推动学科话语群的丰富发展。思想政治教育学人在推进学科研究的过程中逐步廓清研究边界,并围绕思想政治教育的基本概念、研究对象、基本范畴、理论基础、理论依据、本质、地位、功能、目的、任务、环境、过程、规律、内容、原则、方法、载体以及党的思想政治教育史等等形成了以思想政治教育基本概念、基本范畴、基本术语、基本原理、基本方法等为主要内容的学科话语群。

(二)思想政治理论课教学话语群

思想政治理论课是立德树人的关键课程,关乎党的教育方针的贯彻落实,关乎教育的根本问题。思想政治教育学科的设立以及建设有力地加强了学校思想政治理论课的建设(这里我们主要聚焦高校思政课)。改革开放以来,高校思政课教育教学经历了三次大的调整,分别是"85 方案""98 方案""05 方案"。上述三次高校思政课建设方案始终坚持鲜明的问题意识与问题导向。20 世纪 80 年代初期,高校的教育教学一定程度上存在与实际较大间距的问题,同时党领导推进社会主义现代化建设事业对人才培养提出了新的要求,根据 1985 年 4 月教育部高等学校马列主义理论课教学改革座谈会的意见,"85 方案"将育人目标确定为"四有新人"。为适应我国现代化事业发展的需要,高等教育愈加重视人才培养质量,"素质教育"日趋成为主流,"98 方案"将原有的"四有新人"育人目标扩展到强调德、智、体综合素质的提高,并明确提出思想政治理论课其目的就是培养学生成为社会主义事业的建设者和接班人。迈入 21 世纪,特别是党的十六大召开以后,面对各方面发展变化的新情况,必须全面提升学生的思想道德素质,高校思想政治理论课改革势在必行。"05 方案"在"85 方案"与"98 方案"德、智、体基础上增加了"美"。

就思政课教学话语内容而言,三次建设方案推动教学话语内容不断发展。"85 方案"对马克思主义理论课程设置提出明确要求,其课程话语体系、讲授话语体系是围绕对大学生"进行以中国革命史为中心的历史教育""进行马克思主义的基本理论教育"和"进行中国社会主义建设和改革的理论、政策和实际知识的教育"[①]的要求展开的,教学内容主要围绕相关课程展开,在具体教学中教师运用马克思主义基本原理话语、社会主义建设与改革时期的经典话语教育引导学生深化对中国共产党的领导与我国选择社会主义道路历史规律性的理解。"98 方案"将原"马克思主义原理"细化为"马克思主义哲学原理"和"马克思主义政治经济学原理"。同时,关于学生日常思想政治教育话语、学生未来发展的行为规范话语也有所涉及。随着学科发展的不断细化,对马克思主义理论整体性的把握亟待加强,"05 方案"将哲学原理与经济学原理合并为"马克思主义基本原理"。同时,综合了"中国革命史"与"毛泽东思想概论"的部分内容设立"中国近现代史纲要"课程。[②] 相较"98 方案","05 方案"在"马克思主义基本原理、

---

① 顾海良.高校思想政治理论课程体系的演化及其基本特点[J].教学与研究,2007(2):6.
② 高鑫.思想政治教育话语体系结构探析[J].思想教育研究,2017(3):26.

中国社会现实和中国历史三个方面教育的结合上……使课程体系具有更为强烈的时代感"①,其教材体系、讲授话语体系的系统性、时代感也更为凸显。需要指出的是,"05 方案"的最大特点就是"单独设置马克思主义理论一级学科"②,强化了思想政治理论课的学科支撑,引导思想政治理论课教师在教学话语中增加学术研究话语的含量,以学术话语引领课堂教学,以教学厚植学术研究的根基。其教育教学话语主张强调对党和国家重要文本中政治话语的研学与转换,突出教学内容进教材、进课堂、进头脑,强调思想政治理论课的内涵式发展。可以说,思想政治理论课三次方案对育人目标和教学内容的调整坚持问题导向,紧扣时代脉搏,遵循学生思想品德发展规律,教学话语不断拉近与时代、生活、学生的间距。思想政治理论课教师围绕三次课程调整方案不同的课程内容进行讲授,逐步形成了由教材话语、教案话语、讲授话语组成的思想政治理论课教学话语群。

(三)政治宣传话语群

当前,我国经济社会转型发展面临多重矛盾,围绕政治、经济、社会、民生、生态等等问题人们产生了诸多思想疑惑。政治宣传话语在为人民群众释疑解惑,凝聚人们关于国家发展、社会进步的共识,提升人民群众对于国家发展、社会进步的认同,维系个人与国家之间的精神纽带与情感纽结中发挥着重要作用。对于人们的模糊认识与思想疑惑的澄清要符合思想政治教育的基本规律,不能用行政、法律手段完全取代理论的力量,不能用行政、法律手段取代深入细致的思想政治工作。政治宣传话语就是思想政治工作走向深入细致的重要法宝。在具体的思想政治工作中,思想政治教育在推进马克思主义中国化、时代化的进程中,形成的由党和政府重要报告文本中的"政治话语"、党和国家领导人讲话中的"政治热词"以及媒体中蕴含着思想政治教育元素与价值的大众化话语构成的政

---

① 顾海良.思想认识新基点 教育创新新平台[J].教学与研究,2006(6):17.
② 陈占安.我见证了马克思主义理论学科的发展——兼论强化新时代高校思想政治理论课的学科支撑[J].思想理论教育导刊,2020(10):95.

治宣传话语群。例如改革开放初期的"解放思想、实事求是""贫穷不是社会主义""一个中心、两个基本点"的话语；改革开放以来围绕中国道路、理论、制度、文化，形成的中国特色社会主义道路话语群、理论话语群、制度话语群、文化话语群；中国特色社会主义进入新时代形成的"中国梦""四个全面"等话语群。宣传思想工作的任务就在于"两个巩固"。这不仅仅是中国共产党对宣传思想工作规律的总结与揭示，其本身就构成了政治宣传的重要话语，政治宣传话语群就在肩负"两个巩固"任务过程中生成与发展。其中第一个"巩固"就是要巩固马克思主义话语权，中国共产党创新言说内容，优化言说方式与言说语境都有一个基本前提和基础就是巩固马克思主义的指导地位；第二个"巩固"就是在新时代的发展阶段与时代境遇之中，充分发挥党的思想政治教育话语的引领作用，并随着时代的发展不断推动思想政治教育话语的与时俱进，以发展的思想政治教育话语厚植人们的精神家园，优化人们的精神生活，增强全国各族人民群众对于共同思想与共同利益的认同。从这个意义讲，第一个"巩固"是基础和根本，第二个"巩固"的结果和发展，两者相互补充、相得益彰，共同构成思想政治教育政治宣传话语群的根本立足点与基本出发点。

二、思想政治教育话语体系存在的现实问题

(一)言说主体的主导性式微

思想政治教育话语言说主体是思想政治教育话语交往实践的实施者与发起者，在具体的话语交往实践中发挥着重要的主导性作用。但话语言说主体这种主导地位与主导性作用正遭遇着前所未有的挑战。一方面，随着改革的深入与开放的扩大，利益和社会分化日趋显著，人们的价值观念渐趋多元，人们求新、求潮、求变的社会心理考验着我国思想政治教育话语的凝聚力和传播力。思想政治教育话语言说主体在这样的境遇之中要肩负起思想价值引领任务，其难度可想。从现实性看，无论思想政治理论课上的话语讲授，抑或日常思想政治教育的思想引领，思想政治教

育话语言说主体的主导性都遭遇前所未有的挑战。另一方面,随着互联网以及新媒体技术的发展,人们的生活方式与交往方式被重新定义,反映在思想政治教育话语领域突出表现在话语言说对象的存在方式网络化,虚拟网络世界与网络交往构成言说对象现实生活的重要组成部分,网络世界是虚拟的,但极具现实性,不夸张地说对于特定的言说对象而言,网络交往甚至构成其现实生活与精神世界的主要部分。而思想政治教育要实现思想价值引领,话语言说主体在网络世界中必须强势在场并频频出场。需要指出的是,在虚拟的网络世界中,思想政治教育话语言说主体的在场方式呈现数字化、图像化特征,思想政治教育话语主体在虚拟的互联网中是在场的,是具有现实性的,但这种在场方式很大程度虚拟化了,思想政治教育话语言说主体的主导性也随之被极大隐匿。例如在网络思想政治教育中,言说主体与言说对象身份的瞬间转移且转移频率快、转移空间多元,这对思想政治教育话语言说主体的主导性地位形成巨大冲击。

(二)言说对象的主体性缺失

思想政治教育话语的言说对象是在话语言说主体的引导下认知、理解、接受、认同并实践一定思想政治教育话语的对象。从一定意义上讲,思想政治教育的话语交往实践就是思想政治教育话语的对象化过程。在思想政治教育话语对象化的过程中,话语言说对象是主客体双重身份的统一体。对于思想政治教育话语言说主体主导的话语交往实践活动而言,言说对象是客体身份。在此过程中,他是话语言说主体进行话语传播与话语劝服实践的指向者。对于理解、认同、实践思想政治教育话语的过程而言,言说对象则是主体身份。沈壮海曾指出,思想政治教育的有效进行要求教育对象主体性的必须在场。① 因此,一定意义上来讲这种话语言说对象的主体身份所彰显的主体性对于话语交往实践的有效展开具有重要意义。但客观存在的问题是,一定程度上讲,言说对象的主体性在思想

---

① 沈壮海.思想政治教育有效性研究[M].武汉:武汉大学出版社,2016:72.

政治教育的话语交往实践中是存在缺失的。这种主体性缺失主要体现在两个重要方面。一是接受、认同思想政治教育话语的主体意识减弱与主体意愿降低;二是接受、认同思想政治教育话语的主体素质与主体能力降低。以大学生群体为例,在具体的思想政治教育话语交往实践中,话语言说对象主体性的丧失在泛娱乐所依附的主体身上表现得尤为明显。近年来,泛娱乐兴盛于网络与现实空间。时下,泛娱乐之"泛"不仅体现在娱乐触角突破其应有的边界,伸向政治、经济、社会、文化、教育、传媒等各个领域,而且体现在对人们思维方式、精神生活的深刻影响。当今社会,资本的力量渐趋强大,资本对整个社会系统的影响和支配作用越来越显著。马克思有言:"资本的运动是没有限度的。"[1]"资本只有一种生活本能,这就是增殖本身,创造剩余价值,用自己的不变部分即生产资料吮吸尽可能多的剩余劳动"。[2] 资本逻辑使得现代娱乐文化消费产品的生产在经济理性的驱动下展开持续行动,以商业逐利为目标的娱乐资本,特别是跨国资本,首要考虑的并非生产能提升人们精神生活质量的文化产品,而是生产能满足"最大公约数"社会成员欲望的娱乐产品。在资本力量的推动下,娱乐资本在生产娱乐文化产品的同时显著地吸引着大学生群体参与到娱乐产业中来,娱乐资本会利用青年大学生一切感兴趣的娱乐元素,如利用多元化的网络直播、cosplay、动漫、二次元、明星偶像、猎奇心理去触动青少年的话语神经,抓住青少年的注意力资源。通过线上与线下相结合的方式,娱乐话语实现了电子游戏、网络直播、影视动漫、粉丝经济、教育培训、娱乐综艺等多元内容产业的全覆盖和强渗透。加之算法推荐会公式化、程序化地精准推送"懂你"的娱乐话语,长此以往,大学生在持续的狂欢宣泄、娱乐话语表达中接受同质化娱乐话语信息,继而将大学生束缚在其偏好的同质化、个体化的娱乐信息区域内,久而久之,形成了娱乐"信息

---

① 马克思,恩格斯.马克思恩格斯选集(第 2 卷)[M].中共中央马克思恩格斯列宁斯大林著作编译局,编译.北京:人民出版社,2012:158.

② 马克思,恩格斯.马克思恩格斯文集(第 5 卷)[M].中共中央马克思恩格斯列宁斯大林著作编译局,编译.北京:人民出版社,2009:269.

茧房"。人们长期沉浸在自己无意识构建的个体化娱乐"信息茧房"中形成"精神茧房",不仅禁锢思维方式,加剧信息分化,形成信息区隔,而且在娱乐话语所营造的"信息茧房"与"精神茧房"的互动中丧失主体性,变娱乐为"愚乐",崇高的价值话语被过度娱乐化的话语所遮蔽。因此,受泛娱乐等影响的思想政治教育对象在思想政治教育的话语交往实践中主体意识、主体意愿、主体素质是存在缺失的。

(三)言说内容的生动性离场

沈壮海教授认为,为确保思想政治教育的有效进行,从应然上讲,思想政治教育内容Ⅰ应具备真理性、真实性、先进性,内容Ⅱ应具备精确性、透彻性、契合性。① 同样,思想政治教育话语交往实践的有效进行离不开言说内容的精确性、透彻性、契合性。就目前而言,一个不可否认的经验性事实是,一定程度上思想政治教育话语精确性、透彻性、契合性尚存在不足,这种不足表现在话语的生动性离场,有学者指出,"内容空洞、苍白说教已经成为思想政治教育、理论研究和理论宣传的一个顽症"②。主要体现在以下三个方面:一是思想政治教育话语聚焦政治话语,政治话语的学理性阐释不足。在思想政治教育话语交往实践过程中,党和政府的重要文件文本、重大会议的重要成果、党和国家领导人的重要讲话是话语言说主体所选取的重要话语来源。但是一味秉持"拿来主义",将政策话语、文件话语、政治文本话语不加转换、直接拿来运用到思想政治教育的话语交往实践与思想政治工作中,不仅会降低政治话语的理论品格,还会引起话语言说对象的反感政治心理。应当说,对政治话语的关注不能弱化,只能加强。问题的关键在于相当程度上的甚至是完全的"拿来主义"话语不仅体现的是惰性思维,更会降低政治话语的生动性,从而影响思想政治教育话语交往实践的生动性。二是思想政治教育话语关注教材话语,缺乏

① 　沈壮海.思想政治教育有效性研究[M].武汉:武汉大学出版社,2016:82-89.

② 　朱继东,李艳艳.打造中国哲学社会科学学术话语体系必须防止的几种倾向[J].红旗文稿,2012(21):4.

讲授话语的生动性转化。思想政治理论课是学校思想政治教育的主渠道
（本文主要聚焦高校思想政治理论课），在国家主导推动改革的思想政治
理论课建设方案中形成了思想政治理论课教材话语群。思想政治理论课
教材话语严谨度高，但抽象性强，思想政治理论课要真正入脑入心，就必
须实现教材话语到教案话语、教案话语到讲授话语的生动性转换。2019
年3月18日，习近平总书记在学校思想政治理论课教师座谈会上发表了
重要讲话，思想政治理论课教师的课堂使命感与讲授积极性受到很大鼓
舞。毋庸讳言，一些教师在思想政治理论课的授课教学中，一定程度上仍
然存在过度依赖教材，忽视教材话语与教学讲授话语之间的转换。三是
思想政治教育话语注重社会话语，对个体话语的真实性观照不足。思想
政治教育学研究的特殊矛盾为"一定社会发展的要求同人们实际的思想
品德水准之间的矛盾"①。鲜明的政治性特征规定思想政治教育话语必须
与国家、社会发展的方向相一致，体现社会发展以及社会发展对个体素质
要求的目标并为这一目标服务。在我国，思想政治教育话语必须反映党
和人民的根本利益和意志。新时代，思想政治教育通过培育"时代新人"
为中国特色社会主义伟大事业服务，因而其话语内容、话语方式、话语风
格一定要与中国共产党的立场观点、路线方针相一致，充分彰显党和人民
的意志，坚持用中国特色社会主义理论体系话语来教育、引导人民，以彰
显民族精神与时代精神的话语来教育人民、涵养人民，这就决定了思想政
治教育话语的社会性特征凸显。改革开放以来，伴随着生产力的发展，经
济全球化、社会信息化、文化多元化特征显著，社会个体的就业方式与生
活方式、休闲方式也渐趋多元，且趋势变化发展之快前所未有，特别是社
会个体在参与、主导社会行动的过程中，其独立性与主体性相较于改革开
放之前都有很大的提升。互联网信息、5G、人工智能、云计算、大数据等技
术的不断发展，个体的社会交往程度、频率、范围都前所未有地提升、扩
大。个体话语正在以不同方式、在不同领域与不同空间崛起，个体话语频

① 陈万柏，张耀灿.思想政治教育学原理[M].北京：高等教育出版社，2015：7.

频进入公共空间,这不仅给思想政治教育话语注入活力,也为思想政治教育的价值引领、思想引导、凝聚共识带来新的挑战。需要指出的是,已有部分学者关注到社会个体话语问题,但相对于社会发展的速度以及个体话语崛起的速度与影响的范围,思想政治教育个体话语的真实性观照还处于相对不足的境遇。其表现在开展思想政治工作过程中,思想政治教育个体话语运用不够,社会话语对于个体话语的引领力不足,社会话语入"脑"入"心"的有效性还不够。

（四）言说方式的辩证性不足

新时代,我们不仅要持续干好中国特色社会主义的伟大事业,更要持续讲好这一伟大事业中蕴含的生动故事,为中国特色社会主义鼓呼言说。思想政治教育要肩负起宣传思想工作的崇高使命,就要以更加自觉的意识肩负起话语使命,增强话语自信,在立德树人的视域下讲好中国故事,以辩证的话语言说方式讲好中国故事。讲好这一生动的中国故事,是有技巧、有重点的。面向言说对象,我们要重点"讲清楚每个国家和民族的历史传统、文化积淀、基本国情不同,其发展道路必然有着自己的特色;讲清楚中华民族积淀着中华民族最深沉的精神追求,是中华民族生生不息、发展壮大的丰厚滋养;讲清楚中华优秀传统文化是中华民族的突出优势,是我们最深厚的文化软实力;讲清楚中国特色社会主义根植于中华文化沃土、反映中国人民意愿、适应中国和时代发展进步要求,有着深厚历史渊源和广泛现实基础"①。我们要把这些言说内容讲清楚离不开特定的言说方式。内容为王,表达为要。表达方式、言说方式是思想政治教育话语交往实践的关键一环,如何言说思想政治教育话语、以什么方式言说,对于优化思想政治教育话语言说语境,充分发挥言说主体的主体性,为话语"增魅"具有重要意义与价值。传统的思想政治教育话语交往实践过程主要是依据文本话语、教材话语、政治话语,在具体的话语言说方式上存在辩证性不足,具体表现有:政治话语的学理性阐释不

---

① 习近平.习近平谈治国理政(第1卷)[M].北京:外文出版社,2018：155-156.

足,学理话语的政治性引领不够;经典话语的时代性表达不足,时代话语的经典性阐释不够;理论话语的生活化诠释不足,生活话语的理论性升华不足等方面。

(五)言说语境的涵容性不够

英国学者马林诺夫斯基认为:"语言的环境对于理解语言来说是必不可少的。"[①]英国语言学家莱昂斯把语境解释为从实际情景中抽象出来的对言语活动产生影响的一些因素,它包括参与者双方、场合、时间、地点、说话的正式程度、交际媒介、话题或语域。[②] 思想政治教育话语的言说语境对于思想政治教育话语语义及话语背后的"道"都有着一定的限制、补充阐释、深描刻画作用,思想政治教育话语功能的有效发挥离不开话语的言说语境。而思想政治教育话语言说语境的有效性源于其对思想政治教育内容以及目的、目标等的"高度涵容性"[③]。在具体的话语交往实践中,思想政治教育话语言说语境能够以和风细雨、潜移默化的方式对话语言说对象发挥重要的引导、激励、感染、规范等作用,从而推动思想政治教育目标的达成。而思想政治教育话语言说语境的功能发挥是以其对教育目标、目的、内容的高度涵容性为前提的。没有对思想政治教育目标、目的、内容的高度涵容,言说语境只能机械地存在于思想政治教育话语交往实践活动中,只是具有有限作用的时空、上下文、话语言说前提、情景等构成的外部环境,而不是充分选择、有效创设、作为思想政治教育话语体系基本要素发挥作用的话语言说语境。对于具有重要功能的思想政治教育话语言说语境,从应然上讲,这种高度涵容性内在规定地要求语境全方位、全过程对思想政治教育目标、目的、内容予以彰显与表达,形成时间空间、上下文本、话语言说前提、话语情境等的涵容性合力,从而推动思想政治教育话语交往实践的发展。但从客观存在的现实情况来看,由于主客观

---

① 冯志伟.现代语言学流派[M].西安:陕西人民出版社,1987:158.
② 庄孔韶.人类学概论[M].北京:中国人民大学出版社,2006:180.
③ 沈壮海.思想政治教育有效性研究[M].武汉:武汉大学出版社,2016:96.

因素的制约，我们现有的思想政治教育话语交往实践，在话语情境的创设、话语时空的选择、话语逻辑的贯通等方面还存在不足。究其成因，或是主体性自觉意识的缺失，或是客观条件的限制，诸多方面均指向思想政治教育话语以及话语背后的思想涵容不够。整个话语语境对于思想政治教育话语交往实践的根本目的、基本目标，对于思想政治工作开展的长期目标、短期目标，对于思想政治教育的根本内容、时代内容等涵容性明显不够，甚至在有的思想政治工作中，如"谈心谈话""学术报告论坛"等，不是"本本主义"，就是"离题万里"，对话语情境的有效创设不够，对言说语境的精心优化缺失。从微观思想政治教育活动视角看，这很大程度上制约了思想政治教育话语及其背后的"道"的有效传播，从而弱化了具体的话语交往实践的有效性。

（六）话语评价的科学性欠缺

评价问题是思想政治教育的元问题之一。围绕评价问题，学界形成了诸多研究成果，近年来北京师范大学冯刚教授团队围绕思想政治教育质量评价问题形成了诸多研究成果。针对思想政治教育话语的评价问题虽然也有一些理论研究成果，但散见于一些著述当中。如有学者提出通过语言和人体语言评价思想政治教育的接受结果。① 还有人提出话语评价包括两个主要维度，一是对思想政治教育价值系统的评价，二是对说话者与听话者关系的评价。② 但总体而言，学界对思想政治教育话语评价问题关注稍显薄弱。在一些人的思想观念以及已有的研究之中，对于思想政治教育话语言说效果的评价在于话语交往实践是否具备有效性，这种有效性主要表现在思想政治教育话语交往对言说对象产生的效果。沈壮海教授认为，我们不能停留在对实践活动有效性的研究之上来审视有效性这一问题，否则研究"充其量只能辨识结果、享用结果，而不可能有效地

① 王敏.思想政治教育接受论[M].武汉：湖北人民出版社，2016：180-181.
② 孙晓琳.新时代思想政治教育话语发展研究[D].长春：东北师范大学，2019：29.

优化结果、提高结果"①。实际上,思想政治教育话语评价所聚焦的问题绝不仅仅是思想政治教育话语对象化实践之后效果的"如何评价"问题,这只是基于思想政治教育话语交往效果对于言说对象的需要满足的评价问题。理论界与实务界对于思想政治教育话语评价问题关照的科学性尚需提升。一方面表现在话语评价的全面性不够,另一方面表现在对于思想政治教育话语交往实践的评价标准与评价原则尚未科学确证。如前文所述,思想政治教育话语交往实践的过程诸多要素嵌入其中,其复杂性高。因此思想政治教育话语言说效果的评价必须将话语有效性的评价回归到特定的、具体的价值关系之中来进行。对于思想政治教育话语交往实践后果的评价应该包括三个主要方面:一是基于言说对象的视角评价思想政治教育话语交往实践,主要指的是思想政治教育话语对言说对象思想与行为的积极影响,反映思想政治教育话语交往实践对于言说对象的效果;二是思想政治教育话语交往效果对于思想政治教育言说主体需要的满足,在这里言说主体的需要与思想政治教育的社会需要基本一致,它是思想政治教育社会需要在思想政治教育话语交往实践中的表现;三是思想政治教育话语交往实践的整体性、综合性、系统性价值评价,反映阶段性思想政治教育话语交往效果对于思想政治教育话语交往实践的持续有效展开是否具有积极的促进性。已有研究成果中关于思想政治教育有效性、获得感的研究对于思想政治教育话语评价问题具有重要的借鉴意义,但相对而言,"思想政治教育有效性"研究、"思想政治教育获得感"研究更为宏观,还需进一步深化话语的获得感研究、有效性研究。总体而言,学界对于思想政治教育话语评价问题的学理性关照不够,关于思想政治教育话语言说效果评价的科学性也略显不足。

---

① 沈壮海.思想政治教育有效性研究[M].武汉:武汉大学出版社,2016:17.

三、思想政治教育话语体系现存问题的成因

(一)思想政治教育话语体系建设滞后于经济社会发展

客观来讲,改革开放以来,我国经济社会发展速度之快前所未有,经济社会的快速发展带来了我国政治、社会、文化等面貌的深刻变化。但同时也引发一系列问题,其中就包括哲学社会科学领域的发展滞后于经济社会发展。而哲学社会科学发展滞后的状况反过来也影响了哲学社会科学话语体系的创新发展。有学者就指出:"近代以来,中国的语言、概念、理论和思想所呈现出来的都是'西化'的结果。"①哲学社会科学著作大量翻译介绍西方著作,学科话语、教材话语、理论话语一定程度上存在言必称希腊、言必称西方的现象,哲学社会科学话语体系本土化关照不足,这直接造成言说内容的民族性、丰富性、生动性、全面性不够。思想政治教育学科建设虽有40年,但相较于发展历史较长的哲学社会科学其他学科,思想政治教育学科尚显稚嫩,其话语体系建设也相对滞后。"自上世纪80年代以来,中国以世所罕见的速度成功崛起,话语体系的建构相对滞后也是难以避免的。"②思想政治教育话语体系建设的滞后既是客观的,从一定意义上讲又具有必然性。话语体系建设的滞后现状及困境,致使出现话语言说主体和言说对象主体意识与主体素质缺失、话语自信不足、言说内容的生动性离场、话语方式的辩证性不足、言说语境的涵容性不够、话语评价的科学性欠缺等问题。

(二)思想政治教育话语言说主体自觉意识不够

改革开放以来我国思想政治教育话语体系迟滞于经济社会发展,而思想政治教育话语言说主体的主体性自觉意识缺乏也是造成其在思想政治教育话语交往实践中主导性地位式微、言说方式辩证性不足的重要原

---

① 郑永年,杨丽君,徐勇,等."如何构建中国特色哲学社会科学体系"(笔谈之一)[J].文史哲,2019(1):5-6.

② 陈曙光,周梅玲.论中国道路的话语体系建构[J].思想理论教育,2016(1):14.

因。如前文所述,虽然关于思想政治教育话语的研究进入 21 世纪以来越来越多,且成为新的学术研究增长点,但相对而言,在习近平总书记哲学社会科学座谈会上发表重要讲话之前,学界对于思想政治教育话语体系的高度研究自觉并未普遍形成。无论课堂讲授话语中,还是学术研究中,一定程度上存在对国外的概念、范畴、理论不加分析、不加鉴别地生搬硬套的现象。同时,话语言说主体的主体性自觉意识缺乏还体现在原创意识的缺乏。习近平总书记明确指出:"我们的哲学社会科学有没有中国特色,归根到底要看有没有主体性、原创性。"①这种原创意识主体性不足表现在:其一,思想政治教育的学术研究存在"削足适履"现象,不少研究成果简单机械移植他者概念、话语、理论,以他者话语裁剪中国道路,评判中国理论,解读中国实践。其二,还有人"'挟洋自重''食洋不化'……"②。其三,回归本土化话语体系研究不足。可以说,思想政治教育话语言说主体自觉意识的不足是造成思想政治教育话语体系主导性地位式微、言说方式辩证性不足等诸多问题的重要原因。

(三)资本与技术的合谋对思想政治教育话语体系的异化

资本逻辑的驱动和技术宰制是异化思想政治教育话语体系的又一重要因素。娱乐话语和主流价值话语不是一种话语,娱乐话语随意性大,主流价值话语严谨度高,娱乐话语具象,主流价值话语抽象,娱乐话语浅显,主流价值话语深刻,处于不同的"话语场"形成的话语错位加大了两种话语的对话鸿沟。当今世界,资本的力量渐趋强大,资本逻辑使得现代娱乐文化消费产品的生产在经济理性的驱动下展开持续行动,以商业逐利为目标的娱乐资本,特别是跨国资本,首要考虑的并非生产能提升人们精神生活质量的文化产品,而是生产能满足"最大公约数"社会成员欲望的娱乐产品。随着资本强势注入文化市场,文化娱乐化特征渐趋显著,娱乐话语霸占荧屏,娱乐主题屡见不鲜,娱乐节目铺天盖地,娱乐新闻层出不穷,

---

① 习近平.在哲学社会科学工作座谈会上的讲话[N].人民日报,2016-5-19(2).

② 王伟光.建设中国特色的哲学社会科学话语体系[N].中国社会科学报,2013-12-20(3).

数见不鲜的娱乐话语例如明星婚讯、偶像隐私、娱乐圈婚变、明星天价片酬等更是占据了各大媒体平台头条,民生话语空间被严重挤压。特别是在资本逻辑驱动下,娱乐话语呈现泛化趋势,这不仅压缩了思想政治教育的话语空间,夺取了注意力资源,使得话语的言说对象沉浸在"愚乐"陷阱无法自拔,既降低了话语言说对象的主体性,又冲击了内蕴崇高价值的思想政治教育话语内容,而且解构了思想政治教育话语言说语境。随着大数据技术的进步,社会个体"看到什么、娱乐什么"的权利正在被算法推荐所控制。算法推荐会依据用户在互联网上的浏览记录、停留时长、关注等行为信息数据,结合用户个体信息数据以及相似偏好用户数据进行大数据计算与分析,推测用户的信息需求,进而从海量信息中为用户选择和推荐信息。当人们在娱乐新闻、明星八卦、戏说段子等娱乐话语中停留时间越多、关注越多,算法推荐会公式化、程序化地精准推送"懂你"的娱乐话语,人们在持续的狂欢宣泄、娱乐表达中接受同质化娱乐话语,继而算法推荐将人们束缚在其偏好的同质化、个体化的娱乐信息区域内。久而久之,形成了娱乐话语的"信息茧房",人们长期沉浸在自己无意识构建的个体化娱乐"信息茧房"中形成了"精神茧房",不仅形成对具有崇高价值的思想政治教育话语的遗忘与拒斥,而且在娱乐"信息茧房"与"精神茧房"的互动中悄然变"娱乐"为"愚乐",从而弱化言说对象的主体性,冲击话语的言说内容与言说方式,致使思想政治教育话语体系诸多问题的生成。

第二节　新时代思想政治教育话语体系创新所面临的机遇

中国特色社会主义进入新时代,思想政治教育话语体系创新发展面临着多重机遇。具体而言,中国特色社会主义伟大事业的持续推进为思想政治教育话语体系创新提供了根本动力,中国特色社会主义理论创新成果为思想政治教育话语体系创新奠定了重要基础,多元文化发展为思想政治教育话语体系创新延展了空间,国际交往扩大为思想政治教育话语体系创新开拓了视野。

一、推进伟大事业为思想政治教育话语体系创新提供动力

从现实性上来审视,中国特色社会主义伟大事业的持续推进不仅是民族复兴的根本前提,推动国家经济社会快速发展,而且是人民美好生活的强大保障,使人民生活水平不断提高、获得感不断增强。就思想政治教育话语体系而言,中国特色社会主义伟大事业的推进还为思想政治教育话语体系的创新提供了动力。改革开放以来,围绕什么是社会主义、怎样建设社会主义,建设什么样的党、怎样建设党,实现什么样的发展、怎样发展等重大课题,我们党提出了一系列具有原创性、时代性的概念和术语,如"发展社会主义市场经济,发展社会主义民主政治,发展社会主义协商民主,建设中国特色社会主义法治体系,发展社会主义先进文化……"①以上兼具原创性与时代性的话语是党带领全国人民推进伟大事业过程中形成的创新成果,这些创新话语既是思想政治教育话语体系创新的重要基础,而且本身就构成了思想政治教育话语言说主体"言说什么"的重要内容,在伟大事业的推进过程中,思想政治教育话语也实现了与时俱进的创新发展。

改革开放后,为推进社会主义事业向前,邓小平领导推动思想解放,之后"解放思想、实事求是"就成为党的思想政治教育的核心话语。"四项基本原则"的提出与经济特区的设立,使得"改革"与"开放"成为一段时间的标识性话语。党的十二大开幕词指出要建设有中国特色的社会主义,而后"中国特色社会主义"这一标志性概念就成为一个经典话语。在中国特色社会主义伟大事业的发展进程中,思想政治教育话语围绕中国特色社会主义而建构、创新。"白猫、黑猫"比喻话语大大解放了人们思想,"三个有利于"极大推动了改革开放的步伐。在推进中国特色社会主义伟大事业中,坚定理论自信,从理论出发,构建话语体系。随着伟大事业的推

---

① 习近平.在哲学社会科学工作座谈会上的讲话[N].人民日报,2016-5-19(2).

进，理论创新取得重大成果，先后形成了"邓小平理论""三个代表重要思想""科学发展观""习近平新时代中国特色社会主义思想"为标志性概念的话语体系。在推进中国特色社会主义伟大事业中，坚定中国特色社会主义制度自信，从制度出发，构建话语体系。在所有制上形成"公有制为主体、多种所有制经济共同发展"等标志性话语，在分配制上形成"按劳分配为主体、多种分配方式并存"等标志性话语，在政治制度上形成"人民代表大会制度""民族区域自治制度""中国共产党领导的多党合作和政治协商制度"等标识性话语。在推进中国特色社会主义伟大事业中，坚定中国特色社会主义文化自信，从文化出发，构建话语体系，形成"双百方针""培育和践行社会主义核心价值观""公民道德建设"等富有时代性的话语体系。可以说，中国特色社会主义伟大事业每前进一步，就会有力推动思想政治教育话语体系的创新发展。

二、理论创新成果为思想政治教育话语体系创新奠定基础

习近平新时代中国特色社会主义思想是实现中华民族伟大复兴的行动指南，也是新时代思想政治教育话语体系创新的根本指导。习近平新时代中国特色社会主义思想本身所蕴含的关于治国理政的话语，构成了新时代思想政治教育话语体系的言说内容，同时也为思想政治教育话语体系的创新奠定了坚实的基础。习近平总书记的系列原创性、时代性话语，既是新时代思想政治教育话语体系创新的典范，也为新时代思想政治教育话语体系创新奠定了基础。如谈到改革时，习近平用充满辩证法的智慧、接地气的话语论述了改革的原则、目标、动力、决心、出发点、落脚点、方法论、依靠力量等。习近平总书记的系列原创性、时代性话语所内蕴的新时代中国特色社会主义思想，不仅为讲好中国故事，为道路、理论、制度、文化的阐释与传播展示了范本，提供了遵循，向世界表明了中国立场，传播了中国声音，展示了中国形象，还为新时代思想政治教育话语体系创新发展奠定了坚实基础。

三、多元文化发展为思想政治教育话语体系创新延展空间

改革开放以前,我国的农业基础薄弱,工业比例失衡,经济结构较为简单。改革开放以后,我国的经济结构相较于改革开放之前发生了巨大变化,通过优先发展轻工业,扩大进口,加强基础设施建设,大力发展第三产业等一系列政策,我国的经济结构渐趋协调,并不断优化、升级、走向多元。伴随经济结构的多元,人们生活方式渐趋多元化,而人们生活方式的多元化又进一步催生了人们价值观念的多元化。历史上看,文化的呈现是多层次与多类型的,特别是文化全球化中,随着世界各国文化交往的扩大与加深,文化的多元性特征进一步凸显。文化的多元存在是一把"双刃剑",中华文化的多元图景与世界文化的多元并存对于世界各民族的话语体系既有冲击挑战,又有发展机遇。我们不妨聚焦当前我国国内多元青年圈层文化,以"微视角"分析谈论多元青年圈层文化及其"微话语"是如何延展了思想政治教育话语体系创新的空间。不同职业群体有自己特定的文化,即使同一群体由于利益差异以及生活方式的不同,还会衍生出多种多样的文化。以青年文化为例,Z世代形塑、构建属于自己群体的特有的"圈子"文化,例如笔圈文化、滑板圈文化、谷圈文化、兽圈文化、语C圈文化、Pia戏圈文化等,其文化具有"小圈层""高消费""专属话语"等特征。在Z世代的精神世界里,"万物皆可圈",圈子中的特有话语既是圈子文化中个体间交往的语言符号,又构成了群体与群体之间的区隔。以谷圈文化的话语为例,谷圈是指Z世代的个体与部分群体基于动漫软周边而发展出来的圈子,如徽章、明信片、钥匙扣等等,日本称之为"Goods",根据汉语谐音国内称之为"谷子",谷圈由此而来。谷圈有着自己专业的圈内话语与规则。例如:"谷子""吧唧""食盒""排谷""亲妈""捡漏""set出不拆"等等。Z世代构筑的圈子多元化,其话语大多并非反主流价值观念,而是个体化鲜明的圈层话语,圈子特有话语具有非语言化、符号化、逻辑跳跃性等特征。一些表征着多元圈子文化的话语也被"二次创作"与"意义再赋"。随着圈子文化的发展,圈子黏着度越来越高,其话语区隔作用也渐

趋显著。思想政治教育要在这样的背景下实现思想价值引领,难度可想而知。但多元文化的发展,也启示思想政治教育要在坚守自身话语内核的同时,结合言说对象的生活实际,拉近与言说对象的话语距离。这突出体现在为日常思想政治教育的话语创新延展了空间。日常思想政治教育具有的经常性与渗透性特征使得其对大学生全面发展和健康成长起着潜移默化的作用。[①] 日常思想政治教育是实现对言说对象思想价值引领的重要空间和场域。无论从应然上审视,还是从实然上分析,日常思想政治教育都是加强和改进大学生思想政治教育的新的发力点与着力点。日常思想政治教育与思想政治教育对象的生活空间密切联系、高度重合。青年多元圈层文化可以满足青年的个体化精神生活需求,在这种文化下生成的话语契合不同青年群体的日常生活世界,因此思想政治工作者可以在日常思想政治教育中探索思想政治教育话语与青年圈子文化话语相互融合的话语,但在话语融合的过程中要保持一定的话语张力。思想价值引领的目的在于引领,不能完全牺牲话语的严肃性来迎合圈子文化话语,要用融有青年文化话语元素的思想政治教育话语来引领言说对象,从而提升思想政治教育话语交往实践的有效性。

四、国际交往扩大为思想政治教育话语体系创新开拓视野

环顾当今世界,虽然逆全球化潮流涌动,但国际社会交往并未因此而迟滞不前。当今世界人类交往比过去任何历史阶段都更广泛深入。随着交往的扩大,各民族的精神文化产品成了具有公共性的产品,作为精神产品的话语也逐渐超越民族的局限性走向世界。而随着国家间交往的扩大与程度的加深,世界各民族的历史逐渐转变为世界历史的发展进程,在此过程中既伴随着民族话语走向世界的过程,也有世界话语走进民族话语的趋势。国际交往的扩大对于任一民族的话语体系来说都是一把"双刃

[①]　张斌,骆郁廷.大学生日常思想政治教育长效机制的构建[J].思想教育研究,2010
　　(2):22.

剑"。因为"任何话语在交往中都会产生双重效应：一是施加影响，一是被影响"①。对于我国而言，国际交往的扩大意味着国家间政治、经济、思想文化交流往来的扩大，在此过程中，人们的全球意识与世界视野不断增强，人们在不同文化之间的双边、多边交流对话不断增多。在国际交往扩大的情况下，"各民族、各地区、各群体的文化对话、交流已成为一种普遍现象。价值观念的碰撞、冲突更加激烈……"②国家交往的扩大是多层次、多类型的，有国家行为体之间的交往，有社会组织之间的交往，还有社会个体之间的交往。我们以国家行为体之间的交往为例，国家之间的交往有利于形成主体间话语，主体间话语是存在于国家与国家之间的公共话语，这种共有共享话语超越民族国家拥有话语资源的专属，是具有主体间性属性的共有共享的公共话语，是国家行为体之间对于对话、互动、行动的基本认知。"人类命运共同体"就是这一代表性话语。在国家间行为体交往中，"人类命运共同体"不仅仅是我国采取行动的话语与价值资源，而是国际社会的公共话语与公共精神，在"人类命运共同体"与世界和民族对话的过程中，这种国际交往不仅会生成新的主体间话语，如"人类卫生命运共同体"等，还有助于改变陈旧的"零和博弈""赢者通吃""以邻为壑""单边主义"等主体间话语和主体间认知，从而实现国际话语体系结构的变化。因而，国际交往的扩大与加深是世界话语体系结构的创造性力量。反过来，世界话语体系结构的变化又会推动国际交往进一步扩大，推动国际话语交往进一步深化。国际交往的扩大与全球化浪潮推动思想政治教育彰显时代性与开放性，有利于推动"人类命运共同体"等话语走向世界，也有利于在国际交往实践中借鉴世界其他民族的优秀文化话语，为思想政治教育话语体系创新开拓视野。

①　陈曙光.论中国话语的生成逻辑及演化趋势[J].马克思主义研究,2016(10):98.
②　侯惠勤.冲突与整合:如何认识我国社会主义改革实践过程对人们思想的影响[M].北京:中国人民大学出版社,2004:229.

第三节　新时代思想政治教育话语体系创新所面临的挑战

一、网络多元话语体系对思想政治教育话语体系创新形成冲击

网络是虚拟的,但对于身处互联网时代、深受网络影响的人们而言,却极富现实感。当今社会,人们很大程度上以数字化与网络化的方式而存在。"网络空间是亿万民众共同的精神家园。"①网络空间的公共性、多元性、交互性与实时性等特性也使得其成为多元话语体系的集散地。在网络空间中,全员、全程的参与使得网络话语呈现全新的特征,网络话语的传播更加自由,对现实与网络事件的描述视角与阐释内容更加多元,在话语传递中往往也隐匿着一定的价值观念与立场。网络世界中,网民通过对表情包、谐音、文字拆分重组等的运用,创造出多元新奇的话语。网络多元话语体系是一把"双刃剑",网络多元话语的生成与传播为开展大学生思想政治工作,特别是为日常思想政治教育话语的运用提供了可以借鉴的话语资源。但网络多元话语表达呈现理性与非理性交织、严谨性与随意性组合、规范性与非规范性交错等特征,一些具有排他性、疏离崇高价值、解构主流文化的网络话语以及由这些网络话语营造的语境也会对受此语境浸染的对象产生一定负面影响,如降低其接受主流价值与主流文化的能力,使其逐渐丧失接受主流话语与主流思想的主体性意识。因此,网络多元话语体系对思想政治教育话语体系创新发展带来了挑战。这主要体现在以下四个方面:其一,网络多元话语体系对思想政治教育话语体系的空间挤压。当前,多元化的话语体系霸占荧屏,如青年文化话语、网络流行话语、恶搞戏说话语、娱乐话语、影评社群话语等等。这些凸显个体性与圈层文化的话语,既弥散于人们的现实生活空间,也充斥于网络交往空间,深刻影响着现代人们的生存方式与交往方式,以至于出现同

---

① 习近平.习近平谈治国理政(第 2 卷)[M].北京:外文出版社,2017:336.

时代的人的"非同时代性"现象，出现漠视、淡化甚至拒斥内蕴崇高价值的思想政治教育话语的现象。这些多元话语体系往往通过娱乐的途径进入不同社会群体与个体的视野，通过趣味性与生活化话语吸引人们，进而通过对所影响、所依附对象时间和精神生活的占有实现对思想政治教育话语体系空间的挤压。其二，网络多元话语体系内容去价值化与去中心化消解了思想政治教育话语体系内蕴的核心价值。思想政治教育话语是一定知识、立场和价值观念的统一。当前，网络多元话语体系既是人们价值观念多元化、生活化、个体化的反映，反过来也形塑了人们价值观念的多元化、生活化与个体化。受网络多元话语体系的影响，一定社会群体，特别是青年大学生群体价值观念多元化、价值目标生活化、价值立场个性化、价值评价复杂化。面对快速发展的社会、日新月异的科技、波诡云谲的国际局势，大学生对个体价值的关注、对主流价值的认同，很大程度上依据自身的价值标准与价值认同，而思想政治教育话语实践是突破个体的价值观自我限度，促进思想价值内化、行为外化的有效路径。受个体化潮流的影响，社会中的个体越加关注自身，生活方式与话语方式也由标准化走向个体化。网络多元话语体系对不同文化以及个体生活体验的关注，容易在无意识中消解主流价值，遮蔽、淡化崇高价值。其三，网络多元话语体系呈现形式的非语言化与碎片化，肢解阉割了思想政治教育话语体系的完整性。网络多元话语体系对思想政治教育话语体系创新的冲击还表现在其话语呈现方式的诸多特点上。网络多元话语体系对拼接、反讽、比喻等手法的运用，特别是其非语言化、荒诞化、无厘头、随意性与无逻辑的话语表达，一定程度上削弱了思想政治教育话语的深刻性与逻辑性，对于内蕴崇高价值、表达形式严谨完整、具有公共精神的思想政治教育话语体系无疑会产生较大冲击。其四，网络多元话语体系语境重叠交互影响对思想政治教育话语体系创新形成冲击。话语天然地构建意义世界，营造意义空间。受网络化生存方式与网络多元话语体系的影响，人们突破了原来的物理生存空间，走向物理空间与网络空间的重合叠加，甚至渐渐地走向物理空间、网络空间、精神空间多元空间的叠加。人们在网络多元话语体系所创生的物理空间与精神空间中多频次、高频率的转换,使得话语体系的复杂性存在已经超越固定时空,呈现多元存在复杂样式,走向更加复杂的样态。这一点在当代青年大学生群体身上尤为显著,多元话语语境的重叠交互影响不仅冲击了主流价值话语,而且使得主流价值话语在"无声"与"有声"的多元话语交错空间中淡化失语,严谨的主流价值话语空间被破碎化,从而对思想政治教育话语体系的创新发展形成挑战。

二、现代性的多期交叠对思想政治教育话语体系创新带来考验

"现代性是现代世界围绕着旋转的中轴。"①毋庸置疑,西方率先走上了现代化道路,并塑造了特性,但通往现代化道路并不是唯一的,西方在迈向现代化道路的征程中也遭遇了"现代性之殇"——引发过一系列危机,比如"资本化加剧劳资矛盾,工业化加剧环境危机,军事化加剧国际冲突,城市化导致城市病,技术逻辑导致价值危机"②等等。一句话,西方并未终结现代化,现代化仍在途中。但需要指出的,我们要跳出现代化先验逻辑规定下的话语,并不是要完全否定他者率先开辟的现代化道路的价值,而是还现代化本原的多元面貌,让现代化言说中国话语,让中国话语道明新现代化。在中国共产党的领导下,中国开创了现代化的中国版本。需要特别指出的是,中国的现代化道路不同于西方。从现代化的起点来看,西方现代化起步早,我国现代化发展晚;从现代化的发展特征来看,西方现代化的出场呈现清晰的历史性、线性特征,现代化的多重样态"前现代、现代、后现代、新现代,依次更迭,顺序出场"③,而相较于西方现代化道路呈现出的线性特征,我国的现代化则呈现出鲜明的共时性、非线性特征,在同一时空境遇中既要面对工业化、民主化、城市化等难题,又要应对

①　陈曙光.中国道路开启现代性文明的新形态[J].江海学刊,2020(3):46.
②　陈曙光.现代性建构的中国道路与中国话语[J].哲学研究,2019(11):23.
③　陈曙光.中国道路开启现代性文明的新形态[J].江海学刊,2020(3):48.

信息化、网络化、公共治理、全球治理等矛盾；从现代化的发展周期来看，相对而言，西方现代化发展周期长，西方有充裕的时空应对启蒙现代性、经典性现代性、后现代性的种种难题，而我国的现代化要在远远少于西方现代化的时间内应对复杂性更高、艰巨性更大的复合发展矛盾。据此可以洞见，一方面，中西方现代化的诸多不同从现代化差异的视角印证了中国的现代化道路不可能是西方现代化道路的"空间平移"与简单复制；另一方面，这也道明了中国"前现代、现代与后现代三期叠加"①的特殊现代性，这种特殊性表现为我国在通往现代化的道路中肩负着更为复杂与更为艰巨的现代性使命，这无疑对新时代思想政治教育话语的体系创新发展带来一定考验。

现代性的多期叠加对思想政治教育话语体系"言说什么"的言说内容带来考验。新时代思想政治教育话语体系言说内容创新发展要求不断拉近思想政治教育话语理论与现实的间距，不断提高思想政治教育话语的现象描述力、问题阐释力、理论诠释力，从整体上提升思想政治教育话语魅力。话语的创新发展以及话语魅力的提升是与我们所面对的具有生命力的时代性课题分不开的，现代性的多期叠加带来了复合型的时代性发展课题，我们的"工业化、市场化、民主化、城市化、国际化的任务都没有完成，却同时又遭遇信息化、数字化、生态化、娱乐化、休闲化、公共治理等后现代的挑战"②。一句话，这种多期叠加的现代性使得我国既要面对前现代的任务，又要兼顾经典现代化的现实，还要科学应对后现代的挑战；既要加速推进现代化事业，又要不落西方现代化的窠臼；既要借鉴西方现代性的成果，又要规避西方现代性的风险。一句话，我们面临的现代化任务是复杂而艰巨的。这为服务于国家现代化事业的思想政治教育话语体系创新发展带来挑战，复合叠加的现代性及其时代性课题要求思想政治教育既要立足现代性，又要深刻反思现代性；既要运用一定的思想政治教育

---

① 陈曙光，周梅玲.论中国道路的话语体系建构[J].思想理论教育，2016(1)：10.
② 任平.脱域与重构：反思现代性的中国问题与哲学视域[J].现代哲学，2010(5)：6.

话语做好理性启蒙工作,又要兼顾经典现代化任务;既要为人们解疑释惑,又要凝聚全体社会成员对中国社会发展的基本共识,传播与阐释中国特色社会主义道路、理论、制度、文化的必然性,以新的话语增强人们的道路自信、理论自信、制度自信、文化自信,真正使思想政治教育融入、渗入国家治理体系的各个领域与各个环节;既要厚植人民精神家园,又要维护国家安全,其艰难性可见一斑。同时,多期叠加的特殊现代性图景对思想政治教育话语体系"言说什么"的言说内容带来考验还体现在我们需要超越文化保守主义的古人话语和洋教条主义话语,在实践与时代的检视中推进话语体系创新发展。特殊的现代性以及复杂的现代性时代课题使得我们需要深思一系列问题,在对内宣传与对外传播过程中,我们究竟该以什么样的话语来阐释中国道路? 究竟该创新什么样的话语来阐释中国实践? 究竟该用什么话语来凝聚共识、实现思想价值引领? 思想政治教育话语仅仅复归东方传统话语是否是有效的? 跟在他者话语后面亦步亦趋,向他者话语靠拢,以他者话语范式来解释中国实践是否是可为的? 我们当然可以从我国优秀传统文化与他者话语资源中汲取有益成分,但是特殊的多期交叠的现代性使得我们必须放弃文化保守主义、洋教条主义的话语方案,中国新的现代性决定思想政治教育话语要超越文化保守主义的古人话语和洋教条主义话语,在实践与时代的检视中推进思想政治教育话语体系创新发展。

现代性的多期叠加对思想政治教育话语体系言说主体发挥主导性、言说对象发挥主体性与优化言说语境也带来考验。新时代思想政治教育话语体系创新发展要求不断增强思想政治教育话语言说主体与言说对象的主体性,创新思想政治教育言说内容,优化思想政治教育言说方式与言说语境。思想政治教育既在一定的语境中积极作为,又在一定的语境中受到规制。改革开放以来,我国经历了整体性与深刻性兼具的转型发展过程。随着改革开放的深入和社会主义现代化事业的推进,全球化、信息化社会逐步推进,市场经济飞速发展,思想政治教育面临许多新的时代课题,思想政治教育话语需要在回答时代课题中为人们解疑释惑、传播思想、表明立场、彰显价值。而这种特殊的复杂的现代性历史语境对思想政治教育话语体系言说主体筛选适合思想政治教育话语交往实践的话语上下文、话语言说前提、话语言说情景等语境要素，优化话语交往实践言说语境，主导话语交往实践等等，都带来了不可回避的挑战。对于言说对象而言，在具体的思想政治教育话语交往实践中，现代性交叠的特殊历史语境对言说对象的知识结构提出了更高的要求，对具体的思想政治教育话语交往实践的主体"同一"在场提出了更高的要求，也对言说对象的信念信仰、思想体系等带来冲击，从而对思想政治教育话语体系创新发展带来了考验。

CHAPTER 4

| 第四章 |

新时代思想政治教育话语体系创新目标
与言说内容结构分析

推进新时代思想政治教育话语体系创新研究,需要确证创新的目标。新时代思想政治教育话语体系创新目标在于提升思想政治教育话语魅力,肩负立德树人的使命。新时代思想政治教育话语体系创新是一个关涉多要素的复杂系统,推进思想政治教育话语体系发展的一项重要工作就是要以新的研究范式对思想政治教育话语体系言说内容的结构进行分析。按照内在要素来划分,其具有思想观念话语群、精神品格话语群、行为规范话语群、心理情感话语群的内在结构;按照递进层次来划分,其具有生活话语、学术话语、政治话语的层次结构。分析新时代思想政治教育话语体系言说内容结构对于我们推进思想政治教育话语体系创新发展以及提升思想政治教育话语交往实践有效性有着重要意义。

第一节　新时代思想政治教育话语体系创新的目标

一、提升思想政治教育话语魅力

内容为本。新时代思想政治教育话语体系创新的首要目标就在于为话语增魅，当前，人类已经进入大数据、人工智能、云计算的新时代，随着互联网信息技术的飞速发展，无论从整体性的宏观话语视角，抑或微观的个体话语视角，人类社会所经历的"话语革命"都是前所未有的，这既体现在话语言说的时间与空间视域，也表现在话语的学科与学术视域，还表征在个体话语言说的丰富性与多元化。例如，从个体化的视角来审视娱乐话语变迁就可以看出话语的历时性变迁。个体化潮流影响之下的个人日益关注自我，对自身的存在方式、人生轨迹、言说话语等不断提出要求，个体的娱乐话语也从之前的"标准化"走向"个体化"。娱乐话语风格趣味性强，语义流变性强，话语的深刻性与抽象度较低，很大程度上吸引着"求异""猎奇""追求潮流"的社会大众特别是青少年群体参与其中，使其极易为话语背后的价值观所裹挟。思想政治教育话语在这样的现实图景面前要实现思想价值引领的任务难度可想而知。因此，增强思想政治教育话语魅力迫在眉睫，但紧迫性并不等同于现实性，在紧迫性、重要性与现实性之间往往存在着难以逾越的重大"鸿沟"。我们不妨以思想政治理论课为例，分析新时代思想政治教育话语体系创新的目标问题。跨越"鸿沟"提升思想政治教育话语魅力要落脚到提升话语的理论魅力，以理服人，提升话语的故事魅力，以事晓人，提升话语的情感魅力，以情化人，提升话语的道德魅力，以德感人。

提升话语的理论魅力，以理服人。思政课教师要坚定信仰，理直气壮，坚持以理服人，加强理论学习，内化于心，练就深厚的理论功底。要读原著、学原文、悟原理，掌握和运用辩证唯物主义和历史唯物主义，掌握贯穿其中的马克思主义立场、观点、方法,思维要新,用马克思主义中国化的最新成果习近平新时代中国特色社会主义思想铸魂育人。以透彻的学理分析回应学生,以彻底的思想理论说服学生,以真理的强大力量引导学生。

提升话语的故事魅力,以事晓人。这里的话语的故事魅力指的是思想政治教育话语的故事性表达魅力。思政课教师提升话语的故事魅力就要讲好中国故事、文化故事、英雄故事、世界故事,以事晓理,以事晓人。讲好我们的中国故事,在讲中国特色社会主义伟大事业的故事中厚植学生的爱国主义情怀,给学生深刻的学习体验,引导学生树立正确的理想信念、学会正确的思维方法。中华民族几千年来形成了博大精深的优秀传统文化,我们党带领人民在革命、建设、改革过程中锻造的革命文化和社会主义先进文化,为思政课建设提供了深厚力量。要将文化故事春风化雨、润物无声地渗入学生心头,化入学生头脑。英雄人物是民族精神的脊梁,在传播英雄故事中培养学生崇尚英雄、学习英雄、捍卫英雄、关爱英雄的深厚情怀。思政课教师还要讲好世界故事,有知识视野、国际视野、历史视野,通过生动、深入、具体的纵横比较,把一些道理讲明白、讲清楚。

提升话语的情感魅力,以情化人。"没有'人的感情',就从来没有也不可能有人对于真理的追求。"①任何一种话语体系都是有立场、有情感的,不包含情感的话语体系是不存在的。思想政治教育话语魅力内蕴着话语言说主体的情感体验,也彰显着话语主体的情感追求。思想政治教育话语的传播、践行也离不开情感。从根本上讲,思想政治教育话语是为人的存在与属人的存在,思想政治教育话语是服从与服务于做人的工作。话语作用于人当然离不开情感。网络思想政治教育、日常思想政治教育、思想政治理论课都离不开情感话语作用的发挥,都离不开以情感人、以情动人、以情化人。一方面,要用深厚情怀话语教育引导学生将爱国情、强

---

① 列宁.列宁全集(第25卷)[M].中共中央马克思恩格斯列宁斯大林著作编译局,编译.北京:人民出版社,1988:117.

国志、报国行自觉融入坚持和发展中国特色社会主义事业的奋斗之中,自觉以深厚的家国情怀感染学生,使学生明确自身在中国历史上所承担的时代责任和历史使命,自觉将个人的发展和国家的前途命运统一起来。另一方面,新时代的思政课教师要做有温度的教师。思政课教师必须增强亲和力,走进学生的时代话语体系,因地制宜、因时制宜、因材施教,把增强亲和力与增强思政课的思想性、理论性和针对性有机结合起来。

提升话语的道德魅力,以德感人。这里的话语道德魅力,指的是"无声的"话语魅力——教师的人格与身教。思政课教师是学生的人生引路人,更是学生道德品行的领航人。讲好思政课,既要靠真理的力量,也要靠人格的力量。要有堂堂正正的人格,用高尚的人格感染学生、赢得学生,自觉做为学为人的表率,做让学生喜爱的人。立德先立师,树人先正己,人格正,才有吸引力。一堂好的思政课,自己满意了,才能感染别人。教育者先受教育,立德者先严私德。思政课教师要自觉遵循道德规范,以"无声"的身教提升话语的道德魅力,做到课上课下一致、网上网下一致,踏踏实实修好品德,提升师德境界,以话语的道德魅力培育时代新人。

二、增强立德树人成效

在马克思主义历史观的理论视野中,话语在本质上是实践的。话语是在人的历史性、社会性的实践中生成的,也必然随着人类社会实践的向前发展而不断演化、发展,话语的生成、发展与社会实践的发展即使不是完全同步的,也一定是同向的。因此,从话语的生成逻辑与发展逻辑来看,话语是"属人的"存在,也是"为人的"存在。从话语的功能来看,话语是服务于人的社会实践。作为一种特殊的社会实践,思想政治教育作用与服务的对象是人,这就决定了思想政治教育话语也是属人的存在、为人的存在。从个体性根源视角看,思想政治教育话语服务于教育,引导人们形成符合社会发展要求和个人身心发展需要的思想政治素质。因此,新时代思想政治教育话语体系的创新就需要遵循思想政治教育的规律。思想政治教育的根本任务在于立德树人,因此,思想政治教育话语体系创新的根本目标就在于肩负立德树人使命,增强立德树人成效。

立德树人是思想政治教育话语体系创新的逻辑起点。培养什么人,是教育的首要问题。"立什么德""树什么人"是思想政治教育的起点问题,是思想政治教育话语体系创新的前提性问题,是思想政治工作必须首先确证的问题。"立德"的思想最早可追溯至先秦时期。《左传》记载,范宣子问叔孙豹何谓"死而不朽",叔孙豹认为太上有立德,其次有立功,其次有立言。虽久不废,此之谓不朽。"立德"强调追求高尚的道德修养,在"三不朽"中为至上。《左传正义》中阐释"立德"就是要为国家创制律法,为个人创建做人的准则。《运命论》中讲道:"若夫立德必须贵乎? 则幽、厉之为天子,不如仲尼之为陪臣也。"①意指立德与是否尊贵无关。这是中国古代关于"立德"的思想,那么新时代中国特色社会主义的教育要"立什么德"呢? 作为上层建筑的德是一定社会生产关系的反映。"社会主义社会是在对传统的所有制关系实行根本变革基础上建立的新型社会,是以公有制为基础的社会。这种社会需要建立和发展一种与以往的私有制为基础的社会完全不同的新型的道德,即社会主义道德。社会主义道德是以为人民服务为核心,以集体主义为准则的道德。它是以社会主义公有制为基础的经济关系和社会关系的反映,并且是为维护公有制为主体的经济基础和人民群众的根本利益服务的。"②我国思想政治教育强调的"立德"应该是清晰的、具体的,而非模糊的、抽象的,是立为人民服务为核心、以集体主义为准则的社会主义之德。需要强调的是,立社会主义之德的核心任务是使思想政治教育话语的言说对象树立社会主义核心价值观。习近平指出,"核心价值观,其实就是一种德,既是个人的德,也是一种大德,就是国家的德、社会的德"。并强调"做人做事第一位的是崇德修身……一个人只有明大德、守公德、严私德,其才方能用得其所"。③《管

---

① 叶嘉莹,刘在昭.顾随讲《文选》[M].石家庄:河北教育出版社,2012:113.

② 骆郁廷,郭莉."立德树人"的实现路径及有效机制[J].思想教育研究,2013(7):45.

③ 习近平.青年要自觉践行社会主义核心价值观——在北京大学师生座谈会上的讲话[N].人民日报,2014-5-5(2).

子·权修》载,"一年之计,莫如树谷;十年之计,莫如树木;终身之计,莫如树人。树一获者,谷也,一树十获者,木也,一树百获者,人也"。这一论述揭示了"树人"的重要性、长期性。那么,在当代要"树什么人"呢? 树德、智、体、美、劳全面发展的社会主义建设者和接班人,树拥护党的领导、社会主义制度、立志为中国特色社会主义奋斗终身的人。立德树人关乎话语交往实践的有效展开,关乎思想政治教育话语言说主体的言说内容、言说目标,关乎言说对象的精神生活的优化方向,关乎思想政治教育话语言说方式与言说语境的优化,是思想政治教育话语体系创新的逻辑起点。

立德树人贯穿思想政治教育话语体系创新的全过程。在立德树人中,立德为先,立德是根本、是核心,树人在后,树人是目的、是教育价值追求。要想达到育人的最终目的,就要以高度自觉的意识将"立什么德""树什么人"的立德树人目标贯穿到思想政治教育话语体系言说主体、言说对象、言说内容、言说方式、言说语境、言说效果等基本要素之中,促进言说对象思想政治素质的提高。

立德树人是思想政治教育话语体系创新的价值归宿。立德树人的当代意蕴为立社会主义之德,树社会主义建设者和接班人,立德树人的终极指向是实现人的全面发展和社会的和谐发展。从个体价值出发,立德树人促进主体性发展为核心内容的人的全面发展,从社会价值上讲,立德树人促进社会的和谐发展。而话语交往实践与思想政治教育话语体系创新目标的最终指向也是关于"立什么德""树什么人"的问题。以言说主体为例,从主体要素来讲就是要增强思想政治教育言说主体的主体性自觉意识。在思想政治教育话语体系研究视野中,增强主体性,强化主体自觉意识,既指向思想政治教育话语言说主体,也指向思想政治教育话语言说对象。就思想政治教育话语言说主体而言,增强主体性意指话语言说主体对开展话语交往实践、创新思想政治教育话语的自觉性、自主性、创造性。具体而言,言说主体要提升凝练新范畴、新表述、新概念的自觉意识。言说主体在主导的话语交往实践过程中,无论自觉、认可与否,都会以自身的价值观念、思维方式、言说方式去教育影响言说对象。言说主体自觉创设言说语境,不断优化言说方式,拉近理论与现实的间距,增强话语体系的时代感与生动性,提高新时代思想政治教育话语的现象描述力、问题阐释力、理论诠释力、话语影响力,从而提升育人有效性。在话语交往中,离开立德树人,思想政治教育话语体系创新就会失去基础,树人目标也将无法实现。据此,思想政治教育话语体系创新是立德树人的条件,是立德树人的途径,而立德树人是其落脚点与价值归宿。

第二节　新时代思想政治教育话语体系言说内容的内在结构

从逻辑上讲,思想政治教育的内容内在规定了思想政治教育的话语。有人在研究思想政治教育的话语样态时,提出思想政治教育的话语主要有世界观话语、政治观话语、人生观话语、法治观话语、道德观教育话语,也有人提出理念信念话语、爱国主义话语、道德话语等等表述。我们认为,这种基于思想政治教育的内容而作出的划分在逻辑上是成立的,但有"同义反复"之嫌,话语样态的划分也存在一定的机械性。新时代思想政治教育无论从应然上讲,抑或从实然上看,其内容均呈现出多元、多样化特征,因此,新时代思想政治教育话语体系创新研究需要突破传统的话语内容框架,对思想政治教育话语的框架加以拓展,从整体性视角建构更加立体、更加周延的话语框架。已有的思想政治教育内容理论研究中,研究者的视野更多聚焦于思想观念形态,中国人民大学刘建军教授认为思想政治教育的多样化内容可以归属为心理情感、思想观念、精神品格、行为规范四种形态。[①] 四种基本形态所形成的体系具有整体性意义,实质上构成了思想政治教育内容系统的新构架。刘建军教授深入"元理论"的层面,对思想政治教育内容形态的新框架研究范式超越了过去经验式地从思想观念形态上把握思想政治教育内容的局限性,从更加开放、立体的视角出发描绘了思想政治教育内容形态的整体性图景。以此为依据,思想

①　刘建军.论思想政治教育内容的基本形态[J].思想理论教育导刊,2020(9):111.

政治教育话语体系言说内容主要表现为以下四种样态。

一、思想观念话语群

一定的思想政治教育通常是与一定的思想观念分不开的,在日常生活中,当人们论及"思想政治教育"时,无论作为概念与实践的思想政治教育,抑或作为思想政治教育的教育内容,首先更多想到的是一定的思想观念,例如马克思主义、世界观、政治观、人生观、道德观等等。一句话,"思想观念是思想政治教育内容最常见的形态"①。因此,思想观念话语群构成思想政治教育话语言说内容最常见的话语样态。思想观念话语群不仅仅是一定的知识体系(如关于思想政治教育的思想观念认识和知识等),而且还有特定立场与价值观念,思想政治教育的思想观念话语群是知识体系与立场、价值的统一。如同其他专业的教育,思想政治教育也要向教育对象传递特定的知识,但相较于其他专业的教育,思想政治教育的不同之处在于传递知识的过程与结果并不是最终目的,通过知识教育来传递思想政治教育的核心价值观念才是真正目的。因此,在思想观念话语群中,蕴含着价值观的话语无处不在。例如我们常常言及的世界观、政治观、人生观、法治观、道德观等就包含着丰富的价值观话语。

在思想政治教育的思想观念话语群中,包含多元的话语样态,主要有以下六种。(1)马克思主义基本理论及其中的经典话语。如社会矛盾理论话语、生产过剩理论话语、资本增殖理论话语、资本主义全球扩张理论话语、世界历史理论话语等等。(2)马克思主义中国化的理论话语。马克思主义在中国化过程中形成毛泽东思想话语体系和中国特色社会主义理论话语体系。这些理论话语是新时代思想政治教育思想观念话语群的重要内容。(3)中国共产党人的理想信念话语。理想信念是共产党人安身立命的根本。围绕远大理想和共同理想,聚焦马克思主义的信仰、社会主义和共产主义的信念,中国共产党人形成了一整套关于理想信念的话语

---

① 刘建军.论思想政治教育内容的基本形态[J].思想理论教育导刊,2020(9):111.

群。(4)"四史"中的标志性话语。(5)世界观、政治观、人生观、法治观、道德观等话语。(6)社会主义核心价值观话语。社会主义核心价值观话语由三个部分组成,一是形式话语。它是由"价值""价值观""核心价值观""核心价值体系"等概念所组成的一组概念话语。二是内容话语。它是由十二个核心价值理念所构成的一组概念话语。三是教育话语。它是由"培育""涵养""弘扬""践行"等构成的一组行为性话语。①

二、精神品格话语群

随着思想政治教育内容的丰富性不断增加,思想政治教育的话语多元性也逐渐凸显。但长期以来,我们更多的基于思想观念的视野对思想政治教育的多元话语予以学理性观照。也就是说,随着时代的发展与实践的推进,理论界与实务界已经深刻感受到思想政治教育话语的丰富性,但这种丰富性还是被统摄于思想观念话语层面,对于思想政治教育内容而言,这种将话语丰富性统摄于思想观念话语层面的思维路向是一种模糊性理解,随着理论研究的提升和实践的发展,这种模糊性带来的对其他话语样态关注不足已逐渐外显。例如,随着思想政治教育内容的不断丰富,对于法治观的教育,就不仅仅是对法治基本知识、法治思想观念的教育,还有法治精神的教育。虽然法治精神的教育有其法治思想观念的基础,但一个毋庸置疑的事实是,法治精神的教育主要是一种精神品格的教育,并非思想观念的教育。如此,精神品格的话语就将发挥其特殊的功能。因此,在思想政治教育话语样态中应该另外开辟出一片空间给精神品格。

一个非常显在的事实是,思想政治教育的发展有一个鲜明的趋势,就是"精神品格性的内容所占成分越来越多,也越来越凸显"②。当我们把目

---

① 刘建军.社会主义核心价值观对思想政治教育的话语启示[J].当代中国价值观研究,2016(2):35.
② 刘建军.论思想政治教育内容的基本形态[J].思想理论教育导刊,2020(9):113.

光聚焦精神品格形态时,就会感受到精神品格是言说内容在新时代拓展空间的重要领域。近些年来,思想政治教育的一个重要内容就是中国精神、时代精神等精神谱系的教育,例如:"三牛精神""抗疫精神""丝路精神""脱贫攻坚精神""斗争精神""五四精神""西柏坡精神""延安精神""红船精神""红岩精神"等等。刘建军教授认为精神品格形态"是对思想政治教育内容传统结构的突破与拓展"[①],是思想观念形态之外的内容形态。显然,无论从教育内容,还是从教育侧重点以及言说的话语体系来看,这种精神谱系的教育都不能被简单地归于"思想观念话语群",也不能划分到世界观、政治观、人生观、法治观、道德观等任一"观"的内容之中,精神谱系的教育话语具有独立的话语样态,即精神品格话语群。因此,应该在思想政治教育的话语言说内容中设置新的话语"领地"给予精神谱系。精神品格话语群的表达不在于具体的话语内容表达,也不仅仅是特定话语及其思想的"灌输"与阐释,而是蕴含着精神人格特质的传递与形塑。大体来说,思想政治教育的精神品格话语群主要包括以下四种样态:一是民族精神话语。中华民族在数千年的发展与奋斗历程中形塑了自身的民族精神特质,我们对其进行了简要凝练、抽象概括,但不能因此断定我们已经形成变动不居的话语,有些精神话语随着时代发展需要进行意义再赋与内涵新释。二是中国共产党在轰轰烈烈的新民主主义革命实践中形成的革命精神话语。主要包括红船精神话语、井冈山精神话语、长征精神话语、延安精神话语等等。三是社会主义建设的精神话语。如"艰苦奋斗的创业精神、勇于开拓的创新精神、合作共赢的时代精神"的改革开放精神话语。四是时代精神话语。如以"改革创新"为核心的时代精神话语群等等。这些在不同历史时期形成的精神品格话语既是历史的记忆,也展现了中华民族特有的精神特质。

---

① 刘建军.论思想政治教育内容的基本形态[J].思想理论教育导刊,2020(9):113.

三、行为规范话语群

思想政治教育的行为规范话语群意指该话语群所言说的内容对言说对象而言是一种具有倡导性、规范性、指导性、塑造性的信息。虽然思想政治教育的行为规范话语群依然离不开相应的思想观念而独立存在,但它不同于知识性、价值性显著的思想观念话语群与品格教育特征显著的精神品格话语群,它指向的是言说对象的行为规范。思想政治教育话语交往实践的落脚点在于使言说的话语及内蕴的价值内化于言说对象的心,使言说的话语要求外化于行。这种样态的话语群清晰地告诉言说对象何种行为是禁止的,何种行为是倡导的。国外虽无思想政治教育之称谓,却有思想政治教育之事实。在世界上一些国家,"宗教规范话语群"是思想政治教育的主要话语样态。我国思想政治教育的行为规范话语样态不同于国外,主要包括纪律规范话语、法律规范话语、道德规范话语、制度规范话语、工作方法规范话语等。这样讲并不是否认国外存在纪律规范话语、法律规范话语、道德规范话语、制度规范话语、工作方法规范话语,而是说相对于以上五种行为规范话语样态,宗教规范话语在一些社会中是普遍性与约束性特征更为突出的话语样态,对于大多数人日常生活的渗透性更强、影响也更为强大。

道德教育是思想政治教育的重要内容,道德素质的养成与道德行为的实践离不开道德规范话语的规范与指导。中共中央、国务院印发的《新时代公民道德建设实施纲要》中有多层次、多类型的公民道德规范话语。比如,谈到个人品德的道德规范话语主要是"爱国奉献""明礼遵规""勤劳善良""宽厚正直""自律自强",这为公民个人核心品德素质的养成与个人品德行为的实践提供了基本话语规范。谈到家庭美德的规范话语主要是"尊老爱幼""夫妻和睦""勤俭持家""邻里互助",这为公民营造良好家庭风尚与塑造良好家庭文化提供了基本话语规范。谈到职业道德的规范话语主要是"爱岗敬业""诚实守信""办事公道""热情服务""奉献社会",这为公民在职业活动中应该遵守的行为准则提供了基本话语规范。谈到社会公德的规范话语主要是"文明礼貌""爱护公物""保护环境""遵纪守法",这为公民社会公德行为的实践与维护社会生活而共同遵守的公共生活准则提供了基本的话语规范。

法律规范话语是思想政治教育法治观的重要载体,也是法治教育的核心内容。党的十八大以来,我国不断进行社会主义法治建设。2020年11月全面依法治国工作会议确立了习近平法治思想在全面依法治国中的指导地位,是新时代依法治国的基本遵循与行动指南,深入宣传学习习近平总书记关于法治重要论述的标志性话语是当前和今后思想政治教育的一项重大任务。对于一个国家与社会而言,良法是善治的基础与前提,法律的重要性是不言而喻的。作为社会的强制性行为规范,法律功能的发挥不仅仅在于对违法行为的惩戒与制裁,对违法行为的震慑与警示,更在于对良法的宣传教育,在于将法律的基本规范传递给言说对象,使人们了解法律,熟悉、遵循与接受基本的法律规范。

纪律规范话语是行为规范话语的重要内容。纪律规范是中国共产党尤为重视与着重强调的行为规范。纪律在我们党的不同历史时期都发挥了重要作用,我们党具有重视纪律教育的优良传统。不同于法律规范的效用,针对不同领域和群体,纪律的具体性规范特征和功能显著,在我国,面对不同对象的纪律规范话语是行为规范话语群的重要内容。例如,《中国人民解放军纪律条例》中就有多类型的纪律规范话语。谈到政治纪律的行为规范话语主要有"对党忠诚""立场坚定""坚持党对军队的绝对领导"等;谈到组织纪律的行为规范话语主要有"服从组织""民主集中""维护党委统一的集体领导下的首长分工负责制"等;谈到作战纪律的行为规范话语主要有"坚决执行命令""听从指挥""英勇善战"等;谈到工作纪律的行为规范话语主要有"爱岗敬业""忠于职守"等;谈到保密纪律的行为规范话语主要有"干净做事""同特权思想和特权现象作斗争""讲廉耻"等;谈到群众纪律的行为规范话语主要有"军民一致""拥政爱民"等。纪律话语规范为特定对象纪律行为的实践提供了基本的行为规范指向。

制度规范话语的宣传与实践,是为了让思想政治教育话语的言说对象熟知我国的基本制度并自觉接受、内心认同制度的规范与指导。此外，工作规范话语也是行为规范话语的重要内容。掌握和运用马克思主义的思想方法和工作方法是在新时代背景下习近平总书记对全党特别是各级领导干部提出的重要要求。科学的思想方法与工作方法话语也贯穿于《习近平谈治国理政》第3卷。第3卷收入的多篇报告、讲话、谈话、批示、指示、贺信等，充分体现了习近平总书记运用马克思主义思想方法和工作方法发现问题、分析问题、解决问题的科学思路。其中蕴含着丰富的思想方法与工作方法话语。如"把马克思主义哲学当作看家本领""不断提高科学思维能力""保持战略定力""重视调查研究""依靠学习走向未来"等等。以上思想方法与工作方法话语构成了行为规范话语群的重要内容，为掌握和运用马克思主义的思想方法和工作方法提供了基本的行为规范指向。

四、心理情感话语群

讨论了思想政治教育话语言说内容的以上三种话语样态，还有一种话语形态需要我们给予特别关注，就是心理情感话语。人的思想观念不是无根的存在，往往有一定的心理基础。"没有'人的感情'，就从来没有也不可能有人对于真理的追求。"①其实，无论在思想政治理论课，抑或日常思想政治教育中，都蕴含着情感因素，比如"爱国主义教育就是一种很突出的情感教育，而情感当然是属于人的心理层面的。因此……人的心理现象特别是情感情操，也应该和能够成为思想政治教育的重要内容"②。因此，我们理应对心理情感话语予以关照。心理情感话语就是思想政治教育话语交往实践中对言说对象进行心理健康、情感等教育与引导的话语。心情情感话语对于提升言说对象心理健康素质，使其形成健全完善的人格、积极健康的情感、乐观向上的心态、坚忍不拔的意志、坚定不移的

---

① 列宁.列宁全集(第25卷)[M].中共中央马克思恩格斯列宁斯大林著作编译局,编译.北京:人民出版社,1988:117.

② 刘建军.论思想政治教育内容的基本形态[J].思想理论教育导刊,2020(9):114.

信念具有重要价值。例如,我们以思想政治理论课为案例来看,提升思想政治理论课的质量与魅力就要用情感话语来引导感染学生,做到以情化人,以充满情感力量、情感温度的思想政治理论课教材话语、教案话语、讲授话语教育引导学生。一方面,思想政治理论课教师要有深厚的情怀。在教书育人过程中要做到自觉以深厚的家国情怀感染学生,使学生明确自身在中国历史上所承担的时代责任和历史使命,自觉将个人的发展和国家的前途命运统一起来。另一方面,新时代的思想政治理论课教师要做有温度的教师。增强亲和力,走进学生的生活话语体系,因地制宜、因时制宜、因材施教,把增强亲和力与增强思政课的思想性、理论性和针对性有机结合起来。思想政治理论课教师要为学生心灵埋下真善美的种子,当然离不开情感与情感话语的力量。因此,思想政治教育话语"言说什么"话语样态不能忽视心理情感话语群。大体上看,思想政治教育心理情感话语群主要包括个体心理话语、社会心态话语、爱国情感话语。其中个体心理话语对于提升话语交往实践的实效性具有重要价值。当今社会,生产力水平的提升以及社会包容性的扩大对人的个性化发展具有积极意义,也对思想政治教育的个性化教育提出挑战。在日新月异、高速发展的社会面前,人的心理也呈现复杂化结构。从个体心理学的理论视野来看,人的心理既非完全取决于遗传这一因素,也不完全取决于人自身过去的经历以及所处的环境,人的心理更非对遗传、经历以及环境三者的完全脱离。因此,心理情感话语若是能更加贴近言说对象的自身经历以及所处环境就更能发挥其话语的功能,从而提升话语交往实践的有效性。社会心态话语对于建设积极向上的社会风尚具有重要意义,是思想政治教育话语交往实践的重要内容。我们要培育什么样的社会心态呢?党的十九大报告给出了清晰的答案,就是要"培育自尊自信、理性平和、积极向上的社会心态"①。党的十八大以来,习近平总书记围绕爱国主义作出一

---

① 习近平.决胜全面建成小康社会 夺取新时代中国特色社会主义伟大胜利——在中国共产党第十九次全国代表大会上的报告[M].北京:人民出版社,2017:49.

系列重要论述,对爱国主义的强调和重视提升到前所未有的高度。习近平围绕爱国主义的重要论述既包含爱国历史、爱国内涵、爱国精神品格、爱国行为规范的话语,也包含爱国情感的话语。如在北京大学师生座谈会上强调,爱国是"人世间最深层、最持久的情感"①。这些社会心态话语、爱国情感话语既包含着中华民族的共同心理基础,又展现了中华民族的爱国情感,是思想政治教育的重要话语样态。

第三节　新时代思想政治教育话语体系言说内容的层次结构

话语问题已然成为当前理论界与实务界聚焦的重点、热点问题,但关于思想政治教育话语体系言说内容结构形态的研究较少,特别关于言说内容层次结构的研究更是缺乏。根据思想政治教育话语的特性,可以将言说内容层次结构划分为政治话语、学术话语与生活话语三个部分。其中政治话语居于最核心层,构成言说内容系统的内核,决定着话语言说内容的性质和方向;学术话语是思想政治教育话语的系统化、逻辑化的外在呈现,居于中间层,既为组织话语提供解释框架,也连接生活话语;生活领域是思想政治教育话语生成的重要场域,居于言说内容层次结构的最外层,弥散在以上两种话语层次之中,包裹着以上两种话语形态。

一、政治话语

政治性是思想政治教育话语的内在特性。在马克思主义的思想逻辑与理论视野中,话语关系着阶级社会中统治阶级思想领导权实现的问题。彻底的理论有助于说服人民群众,从而掌握群众,进而使彻底的理论转变为强大的物质力量。但彻底的理论功能的发挥必须凭借科学系统的话语体系言说才能成为现实,从而真正获得思想领导权。我国政治话语主要

---

① 习近平.在北京大学师生座谈会上的讲话[N].人民日报,2018-5-3(2).

有以下来源:一是来自马克思主义经典作家的话语;二是中国共产党领导人的重要讲话;三是党和政府的重要文本话语。相较于生活话语,政治话语的生成历史过程较长,其严谨度与深刻性均强于生活话语。在思想政治教育话语系统中,政治话语的功能在于借助严谨、深刻的话语符号实践维护国家安全。政治话语居于内容层次结构系统的最核心层,是构成思想政治教育话语言说内容的核心话语。"统治阶级的话语在任何时代都是占统治地位的话语。"①中国封建社会中,儒家思想关于"仁义礼智信,温良恭俭让"等的道德话语是适应当时社会生产力与生产方式的主流话语。"为谁言说"是话语的立场问题。纵观人类历史,环视当代世界,无论从应然上考察,抑或从实然上讨论,不持有一定立场的话语是不存在的。在人的依赖性阶段,以"荣誉、忠诚"等标识性概念为代表的话语体系站在贵族统治阶级的立场上鼓呼言说,而以"自由、平等"等标识性概念为代表的话语体系站在资产阶级立场上言说,而"人的解放和自由发展"的话语则站在无产阶级立场上言说。纵观话语发展历史,就为什么阶级而代言这一立场问题,有的话语体系旗帜鲜明、公开承认,有的话语体系羞羞答答、欲言又止,有的半遮半掩、吞吞吐吐,还有的掩盖自身立场并将自己的根本立场宣示标榜为"所有人"的立场。古往今来,对于话语体系的立场问题,不同的仅仅是究竟"为什么人而言说"的立场,以及在何种程度上公开承认自己的话语体系立场。在我国,政治话语的言说立场是鲜明的,那就是"以人民为中心"的立场。

二、学术话语

思想政治教育话语的根本特性是政治性,但政治性并不是思想政治教育的唯一特性。思想政治教育还有非意识形态性的一面。而且在现实生活中,思想政治教育的非意识形态性所内蕴的学理空间往往是很大的。现实地看,人们的思想问题是极其复杂的,有大量问题属于非意识形态性

① 陈曙光,陈雪雪.话语哲学引论[J].中共中央党校(国家行政学院)学报,2019(2):55.

的问题。对于大量的非意识形态性的问题就要靠深入细致的思想政治工作，而不是行政和法律手段。学术话语是思想政治工作走向深入细致、有效应对非意识形态性问题的重要法宝。在思想政治教育话语中，学术话语"是由特定的价值判断、学术概念和逻辑推理构成的完整的学理表达系统"①。学术话语具有相对对立性，与政治话语保持一定张力。思想政治教育学术话语的功能在于推动学术共同体运用相同或相近的话语范式进行学术交流与研究，推动学科内涵式发展，解释思想政治教育实践，回应思想政治工作中的问题。

　　"语言是思想的直接现实。"②学术话语是一定学术思想的外化与呈现。学术思想的话语表达是有层次、分阶段的，如果从过程论的视角来讨论，学术思想的话语表达是有次序的。刘建军教授指出，思想的话语表达有"第一次"与"第二次"之分。思想理论形成的话语表达是思想的"第一次"语言表达，这就是马克思指出的语言是思想的直接现实。也就是说，思想理论的话语表达是直接表达。此时，话语的表达对象是思想本身，所面对的是思想观念与语言表达两者之间的关系。而思想政治教育的言说主体用特定话语来传递信息、表达观点、传播思想时，特别是用特定的思想政治教育话语对言说对象进行教育引导与价值规范之时，此时的话语表达就是思想的"第二次"表达，或者说是思想的间接表达。第二次表达是思想政治教育言说主体对已经生成的思想理论进行筛选、转化后向言说对象传递的话语，此时的话语表达既要面向思想理论本身，又要面向教育对象，要实现话语转换，思想政治教育的难度可想而知。此时要处理的是思想内容、受教育者的需要和话语表达三者之间的关系。必须指出，好的教育者一定要实现"从第一次表达的原初话语向第二次表达的新话语

---

① 侯丽羽，张耀灿.论思想政治教育话语的三种基本形态[J].马克思主义研究，2018(12):145.

② 马克思，恩格斯.马克思恩格斯全集(第3卷)[M].中共中央马克思恩格斯列宁斯大林著作编译局，编译.北京:人民出版社，1960:525.

转换"①。就思想政治教育话语的转换过程而言,话语言说主体首先要熟知思想政治教育的原初话语,如理论著述的话语、政治文献的话语、学科体系的话语等。在此基础上,将原初话语进行转换,为政治话语寻求学理支撑。话语言说主体若能基于学术视野,用学术话语与学理逻辑阐释道理、解释本质,就能产生更强的说服力。

归根结底,思想政治教育的学术话语受到实践和理论的双重制约。话语在本质上是实践的。这就是说,话语是在人的历史性、社会性的实践中生成的,也必然随着人类社会实践的向前发展而不断演化、发展,话语的生成、发展与社会实践的发展即使不是完全同步的,也一定是同向的。从哲学上讲,话语的生成与演化是"为人的"存在,也是"属人的"存在。话语是在实践中生成的,也是为人的社会实践所服务的,这就是话语的本质论。同样的,思想政治教育学术话语也是在回应思想政治教育实践中生成与发展的。学术话语还要受到理论的制约。理论构成学术话语的基本要件,学术话语是理论的学理呈现。思想政治教育学术话语主要包括以下重要内容:一是马克思主义的经典话语。马克思主义经典话语具有鲜明的科学性与学理性,既是思想政治教育学术话语的"内核",还是确保学术话语发展的牢固根基。二是新时代推进马克思主义中国化的现实话语。由于理论成果是在应对社会主要矛盾过程中生成的,因而理论话语必然坚持问题导向,内蕴着深刻的学理性。三是思想政治教育学科的核心概念、范畴、术语、原理、方法等组成的话语群。这些话语反映了思想政治教育学科的基本特点、研究对象、地位功能、目的任务,具有深刻的学理内蕴。

学术话语的发展要做到以下几点:其一,坚持彻底性。马克思主义在充满不确定性的 21 世纪依然强势在场,就是因为其理论体系与话语体系具有彻底性。理论体系如果不彻底,就不可能成为学术共同体的通约话

---

① 刘建军.思想政治教育的话语转换及其路径[J].安徽师范大学学报(人文社会科学版),2016(4):398.

语，就不会为大众所信服。话语言说主体只有掌握彻底的基础理论、话语理论，懂得话语的生成规律与发展规律，掌握言说对象的可及性，才能为思想政治教育实践中的问题提供有效方案。其二，坚持原创性。学术话语的原创性是思想政治教育话语的生命力所在。思想政治教育研究者要以话语前沿理论为基础，敢于突破传统研究范式，扎根具体实践，批判借鉴其他学科的理论资源与话语资源，以坚实的研究根基与原创意识支撑学术话语的发展。其三，坚持辩证性。要坚持话语深刻性表达与话语大众化呈现的辩证统一。话语的深刻性表达是学术话语的透彻性彰显，是学术话语说服大众的根本所在，通俗化表达是思想政治教育学术话语达及群众的必然要求。需要指出的是，学术话语的大众化不能一味追求迎合言说对象的话语风格，例如思想政治理论课话语有魅力就在于其深刻的话语与理论，思想政治理论课中的理论话语不是趣味故事话语，不能以趣味性牺牲深刻性，否则就可能掉入话语庸俗化陷阱，从而矮化思想政治教育的学术话语品格，弱化学术话语魅力。

三、生活话语

生活话语居于话语言说内容层次结构的最外层，弥散在以上两种话语类型之中。生活话语是言说主体"在一定语境中使用的来源于日常生活，符合受众思想和行为特点与需求，能不断创设新意的话语类型"①。思想政治教育话语的言说对象是活生生的、有情感的人，从个体的视角来看，日常生活贯穿了个体的生命全部过程，正是处于一定日常生活中的人才形成了一定的思想观念、道德规范，正是处于一定日常生活中的人与自然、社会联系才产生了思想困惑与症结，思想政治教育才有存在的价值与意义。生活是思想政治教育话语的生成之域与意义之所，生活话语是具有开放性且与人们生产生活密切相关的话语。卢卡奇将日常生活视为河

---

① 侯丽羽，张耀灿. 论思想政治教育话语的三种基本形态[J]. 马克思主义研究，2018（12）：147.

流，一切更高感受形式和再现形式的科学与艺术从这条河中分流而出，又通过影响日常生活再次汇入河流之中。①

马克思主义使话语回归生活，在马克思主义的思想逻辑中，人们的话语是人们现实生活过程的"倒立成像"。也就是说，人类社会历史中存在的思想、话语都是人们现实生活过程的反映。不同的只是有的话语是对人们生活过程的真实科学的反映，有的话语是对人们生活过程的虚假歪曲的反映，同样系统化、逻辑化的话语体系也是人们现实生活过程的反映。"无论思想或语言都不能独自组成特殊的王国，它们只是现实生活的表现。"②不是话语决定生活，而是生活决定话语，话语从来就不是、也不可能是脱离生活世界的抽象存在，不是、也不可能是游离于人们生活世界的存续与发展。话语归根到底是人们生活世界的产物，并且只要人们生活世界继续存在，它就仍将是生活世界的产物。忽视从现实的社会生活出发，用观念来统摄现实的社会生活，将现实生活置于观念发展史上的一般环节，其话语观中的话语是"从天国降到人间"。毋庸置疑，这颠倒、扭曲了话语与生活世界的关系。从根本上讲，思想政治教育话语也是源于生活，正是在生活场域中，人们才形成了一定的思想观念、政治观点、道德规范。思想政治教育生活话语往往漂浮散存于不同的层面、不同的情境，却对人们的日常生活产生了重要影响。相对于政治话语与学术话语，生活话语更多体现为人民群众生产生活气息的经验话语。这种话语源于生活又回归生活，源于人民群众又教育引导人民群众，让话语言说对象听得见又听得懂，让言说对象受触动又能接着讲。

思想政治教育话语不能仅仅聚焦政治话语与学术话语，还需要深入到言说对象的日常生活之中。思想政治教育生活话语既是学术话语提炼升华之域，又是政治话语和学术话语的重点融入之域。生活话语既凸显

---

① 卢卡奇.审美特性[M].徐恒醇，译.北京：社会科学文献出版社，2015：1.

② 马克思，恩格斯.马克思恩格斯全集（第3卷）[M].中共中央马克思恩格斯列宁斯大林著作编译局，编译.北京：人民出版社，1960：525.

了思想政治教育话语的生活化特征,建立了日常生活与非日常生活的话语之维,又将政治话语以生活化表达,使思想政治教育生活话语的表达有根且有趣。思想政治教育话语只有深入日常生活,才能成为有根的存在,才能成为有效凝聚人心的话语。换言之,在日常生活领域,思想政治教育话语要形成广泛的影响力,使言说对象形成话语自觉与话语自信,就必须关注人民群众的利益需求。而关注人民群众的利益需求,就要遵循思想政治教育话语的生活逻辑与利益逻辑。思想政治教育话语不仅是知识体系、理论体系以及价值观的话语呈现,而且反映着特定的利益关系。利益往往是人民群众社会性活动的基本动因。马克思主义经典作家曾深刻地指出:"'思想'一旦离开'利益',就一定会使自己出丑。"①思想政治教育话语需要关注人民群众的利益需求,保持话语的政治性与生活性的适度张力。关注话语的生活逻辑与利益逻辑,思想政治教育话语就要立足人民群众的日常生活,把人民群众的切身关切作为思想政治教育话语的重要内容。思想政治教育话语只有在日常生活世界的维度下创新发展,遵循思想政治教育话语的利益逻辑,才能不断提升话语感染力,使人民群众接受、认同思想政治教育内容。

---

① 马克思,恩格斯.马克思恩格斯文集(第1卷)[M].中共中央马克思恩格斯列宁斯大林著作编译局,编译.北京:人民出版社,2009:286.

新时代思想政治教育话语体系创新的基本方略

新时代思想政治教育话语体系的创新是一项兼具紧迫性、复杂性、长期性的任务,需要综合运用多种方法来推进。在当代中国,推进思想政治教育话语体系的创新发展应坚持以马克思主义为指导、中国共产党领导、以人民为中心的政治立场。新时代思想政治教育话语体系创新是话语体系构成要素的全面发展,言说主体与言说对象要增强主体性,更新观念,增强话语的自觉意识,推进思想政治教育话语言说内容创新发展,优化言说方式与言说语境,科学评价思想政治教育话语言说效果。为此,可以从以下九个向度探寻新时代思想政治教育话语体系创新的通达路径:一是以增强主体性为前提,在强化自觉意识基础上创新思想政治教育话语体系;二是以问题为始,在坚持问题导向中创新思想政治教育话语体系;三是以理论为基,在推进基础理论研究中创新思想政治教育话语体系;四是以传统为源,在继承中华优秀传统文化话语资源中创新思想政治教育话语体系;五是以世界为鉴,在批判借鉴国外话语表达中创新思想政治教育话语体系;六是以表达为要,在增强话语言说方式辩证性的过程中创新思想政治教育话语体系;七是以语境为匡,在优化言说语境中创新思想政治教育话语体系;八是以实践为据,在扎根实践科学评价言说效果中创新思想政治教育话语体系;九是以发展为本,在不断增强国家硬实力基础上创新思想政治教育话语体系。同时,在思想政治教育话语体系创新过程中还需警惕"运动化""空心化"的陷阱。

第一节　新时代思想政治教育话语体系创新的政治立场

　　立场是我们在认识世界与改造世界中无法回避的问题,正如周恩来所言:"我们在学习和工作中,总有一个站在什么立场的问题。"①我们常说要以马克思主义的立场、观点和方法去认识、分析与解决问题,并将立场放在了观点与方法的前面,这是为何呢? 将立场置于首位是因为立场是相较于观点和方法的更为根本、更重要的存在,是因为立场是正确认识和处理问题的根本前提和基础。② 正如习近平所言:"立场,是人们观察、认识和处理问题的立足点。"③人们的立场相异,认识问题、分析问题和处理问题的立足点就会不同,就会生成有所差异有时甚至完全对立的思想与话语。阶级社会政治立场彰显的是特定阶级的根本利益,表达的是特定阶级的政治态度和政治倾向。新时代我国思想政治教育话语体系创新应坚持马克思主义为指导、中国共产党的领导、以人民为中心的政治立场。

一、坚持马克思主义为指导

　　坚持马克思主义为指导,新时代思想政治教育话语体系就能蓬勃发展,反之,不坚持马克思主义的指导地位,新时代思想政治教育话语体系创新就会迷失方向。坚持马克思主义为指导推进思想政治教育话语体系的创新发展是我国发展历程赋予的历史必然性。回望走过的路,正是在马克思主义指导下,我们党才取得了新民主主义革命胜利,才赢得了社会主义建设和改革开放的一个又一个伟大成就。也正是在马克思主义指导下,我们在直面与回应不同历史时期的重大理论与实践课题中生成了不

---

① 周恩来. 周恩来选集(下)[M]. 北京:人民出版社,1984:61.
② 骆郁廷. 论立场[J]. 马克思主义研究,2020(9):5.
③ 习近平. 深入学习中国特色社会主义理论体系 努力掌握马克思主义立场观点方法[J]. 求是,2010(7):17-24.

同的理论体系与话语体系。坚持马克思主义为指导推进思想政治教育话语体系创新发展也是马克思主义理论品格的内在规定性要求。创新是马克思主义的理论品格与内在规定。以马克思主义为指导，就是要不断推进马克思主义发展，并将马克思主义中国化的最新理论成果中的话语与思想政治教育话语体系的发展相结合，不断凝练新概念、新表述、新话语。坚持以马克思主义为指导推动思想政治教育话语体系创新发展是维护国家安全的必然要求。新时代思想政治教育话语体系是为促进言说对象思想政治素质的发展，是聚焦新时代伟大事业与伟大实践的创新表达，是聚焦中国实践与中国故事的阐释与传播。任何淡化、脱离马克思主义指导的思想和行为都会产生偏离中国特色社会主义发展方向的风险。一句话，新时代思想政治教育话语体系的创新脱离马克思主义的指导，在理论上是错误的，在实践上是有害的。

二、坚持中国共产党的领导

马克思主义历来重视无产阶级政党的"领导权"问题。马克思主义经典作家曾深刻地指出："工人阶级在反对有产阶级联合权力的斗争中，只有组织成为与有产阶级建立的一切旧政党对立的独立政党，才能作为一个阶级行动。"①在第一国际总结巴黎公社失败的教训的伦敦代表会议上，马克思和恩格斯指出没有统一的无产阶级政党领导是导致巴黎公社失败的重要原因。无产阶级政党在领导革命斗争中的作用无可替代，对此，列宁也指出党"是无产者的阶级联合的最高形式"②。在十月革命之后，列宁还强调指出："党是无产阶级的直接执政的先锋队，是领导者。"③

---

① 马克思，恩格斯.马克思恩格斯全集(第17卷)[M].中共中央马克思恩格斯列宁斯大林著作编译局，编译.北京：人民出版社，1963：455.
② 列宁.列宁选集(第4卷)[M].中共中央马克思恩格斯列宁斯大林著作编译局，编译.北京：人民出版社，1972：206.
③ 列宁.列宁选集(第4卷)[M].中共中央马克思恩格斯列宁斯大林著作编译局，编译.北京：人民出版社，1972：457.

中国特色社会主义制度的最大优势就在于中国共产党的领导。实践证成,坚持中国共产党的领导是夺取新民主主义革命胜利、取得社会主义建设成就、推进全面深化改革的根本政治保障。习近平指出:"加强和改善党对哲学社会科学工作的领导,是繁荣发展我国哲学社会科学事业的根本保证。"①改革开放以来,党的全部理论和实践的主题就是中国特色社会主义,针对这一重大理论和实践主题的伟大实践既是符合历史发展必然性的,也为思想政治教育话语体系的创新发展提供了发展动力。围绕重大问题,我们党提出了一系列具有原创性、时代性、标识性的概念、表述、论断,如"推进国家治理体系和治理能力现代化,发展社会主义市场经济,发展社会主义民主政治,发展社会主义协商民主,建设中国特色社会主义法治体系……"②以上凸显了原创性、时代性、主体性的概念、论断等话语是中国共产党领导的伟大实践发展与重大理论创新良性互动中形成的标志性成果。这些富有原创性与时代性的话语既是思想政治教育话语体系创新的重要基础,而且本身也构成了思想政治教育话语言说主体"言说什么"与"言说语境"的重要内容。在中国特色社会主义伟大事业的推进过程中,思想政治教育话语也实现了与时俱进的创新发展。从学科建设与发展来看,思想政治教育是在总结党的思想政治教育丰富实践基础之上而产生的综合性应用学科,思想政治教育是中国特色社会主义的重要组成部分,也将在国家治理体系与治理能力现代化中发挥特有的"治理功能"。历史和现实都已证明并将继续证明,中国共产党的领导是中国特色社会主义伟大事业发展的根本政治保障。因此,新时代思想政治教育话语体系创新根本政治立场就是坚持中国共产党的领导。

三、坚持以人民为中心

"为什么人的问题是哲学社会科学研究的根本性、原则性问题。"③哲学社会科学也有一个"我是谁""依靠谁""为了谁"的问题。哲学社会科学

---

①②③ 习近平.在哲学社会科学工作座谈会上的讲话[N].人民日报,2016-5-19(2).

为谁著述？话语为谁立说？话语为谁代言？话语体系为谁创新？是面向特定群体言说还是对人民言说，是为少数人代言还是为人民发声，是为少数人构建还是为人民创新，这是回答"为谁言说"的核心问题。在我国，思想政治教育话语体系创新必须坚持以人民为中心的政治立场。

　　马克思主义历史观的理论品格是坚持以人民为中心立场的理论逻辑。不同于唯心史观，马克思主义历史观肯认人民群众的历史主体地位，肯认人民群众为社会变革的决定力量，肯认人民群众在人类社会历史上创造的物质财富与精神财富的重要作用。一句话，人民是历史的本体。新时代思想政治教育话语体系是对人民言说、为人民言说、依靠人民言说的话语体系。"核心话语是由历史观决定的。"①马克思在解释历史唯物主义的前提时指出："这是一些现实的个人，是他们的活动和他们的物质生活条件，包括他们已有的和由他们自己的活动创造出来的物质生活件。"②这些现实中的个人"是从事活动的，进行物质生产的，因而是在一定的物质的，不受他们任意支配的界限、前提和条件下活动着的"③。"这里所说的个人不是他们自己或别人想象中的那个个人。"④历史的真正本体只能是"体现了这些物质生产活动总要求、体现了具体的社会关系总和的人"⑤，即人民主体，而非个人本体。在马克思历史观的视野里，历史活动是人民群众的活动，共产党人毫不隐瞒自己"为谁言说"的立场，在无产阶级和资产阶级的斗争所经历的各个发展阶段上，共产党人始终代表整个运动的利益，只有站在人民立场上为人民群众利益而言说才能是本真意义上的言说，才是符合历史必然性的言说。

　　人民是创造历史的动力。习近平指出："我国哲学社会科学要有所作

---

① 侯惠勤.关于中国特色哲学社会科学的思考[J].世界社会主义研究,2016(1):41-42.
② 马克思,恩格斯.马克思恩格斯选集(第1卷)[M].中共中央马克思恩格斯列宁斯大林著作编译局,编译.北京:人民出版社,2012:146.
③④ 马克思,恩格斯.马克思恩格斯选集(第1卷)[M].中共中央马克思恩格斯列宁斯大林著作编译局,编译.北京:人民出版社,2012:151.
⑤ 侯惠勤.哲学与意识形态领导权[J].马克思主义研究,2019(3):12.

为,就必须坚持以人民为中心的研究导向。"①我国思想政治教育话语体系创新的价值指向必须是以人民为中心。脱离人民,话语体系就不会有感召力、生命力、影响力,更遑论以此话语体系来教育引导人民树立正确的价值观念、作出正确的行为选择。在马克思主义历史观的理论视野里,历史活动是群众的活动。因此,只有为人民群众的利益而言说的话语才能是符合历史发展规律的话语。改革开放之初,"解放思想,实事求是"的话语既有效破解了旧的思想的桎梏,教育了人民群众,又有力地促进了生产力水平的提升。"人民群众对美好生活的向往,就是我们的奋斗目标"的话语表述符合人民期待,代表了人民群众的根本利益,有效凝聚了人们的精神力量。新时代思想政治教育创新话语体系必须坚持以人民为中心的政治立场,善于从人民群众实践与经验的土壤中汲取话语养分,既为人民代言、立言,又向人民学言、习言。

第二节　新时代思想政治教育话语体系创新的通达路径

哲学社会科学话语体系的创新是一项系统工程,新时代思想政治教育话语体系创新是话语体系构成要素的全面发展。具体而言,要在思想政治教育话语交往实践中增强言说主体与言说对象的主体性,推动思想政治教育话语言说内容创新发展,优化思想政治教育话语言说方式与言说语境,科学评价思想政治教育话语言说效果。最后,要以发展为本,坚持以经济建设为中心,不断增强国家硬实力,以发展的力量展示中国形象,以发展的实力营造新时代思想政治教育话语体系创新的发展空间,以发展的图景奠定新时代思想政治教育话语体系创新的坚实基础。

---

① 习近平.在哲学社会科学工作座谈会上的讲话[N].人民日报,2016-5-19(2).

一、以增强主体性为前提：在强化主体意识基础上创新思想政治教育话语体系

话语体系的创新以及学术话语的构建需要强大的主体自觉意识。可以说，主体自觉意识尤其是理论自觉意识是创新话语体系的基本前提。提升主体自觉意识与创新思想政治教育话语体系是正相关的，可以说，主体自觉意识提升到什么程度，话语体系的创新就会相应地提升到什么程度。如前文所述，新时代思想政治教育话语体系的创新是言说主体与言说对象的辩证统一。言说主体是创新思想政治教育话语体系的关键，影响着思想政治教育话语体系的创新方向，是创新思想政治教育话语体系需依靠的根本主体。言说对象参与是保障思想政治教育话语体系创新活力的源泉，是思想政治教育话语体系创新必须依靠的重要主体。言说主体与言说对象是辩证统一的，两者相辅相成，相得益彰，统一于思想政治教育话语交往实践之中。因此，在思想政治教育话语体系研究视野中，增强主体性、强化主体自觉意识，既指向思想政治教育话语言说主体，又指向思想政治教育话语言说对象。

就思想政治教育话语言说主体而言，增强主体性意指思想政治教育话语言说主体对开展思想政治教育话语实践、创新思想政治教育话语体系的自觉性、自主性、能动性、创造性。具体而言，言说主体要提升凝练新范畴、新表述、新概念的自觉意识，推动思想政治教育话语言说内容创新，自觉创设、优化思想政治教育话语语境，优化话语表达方式，拉近思想政治教育话语体系理论与现实的间距，不断增强话语体系的时代感与生动性，提高新时代思想政治教育话语的现象描述力、问题阐释力、理论诠释力、话语影响力，从而推动思想政治教育话语体系的新时代全面发展。其一，言说主体增强主体性，需要增强政治意识。政治性是思想政治教育话语言说主体区别于一般言说主体的显著特性，与一般职业主体相比较，思想政治教育言说主体代表着党和国家的意志，肩负着重要的政治使命。话语言说主体要教育引导言说对象信仰马克思主义，就要在自我身份和职业定位中强化政治意识，自觉坚定马克思主义信仰，这样才能在思想政治教育话语实践中坚定政治立场，优化思想政治教育话语语境与言说方式，从而引导言说对象站稳政治立场。其二，言说主体增强主体性，就要增强文化意识。中国特色社会主义文化是激励全党全国各族人民奋勇前进的强大精神力量。言说主体要增强文化意识，提升文化敏锐性，在增强中国特色社会主义文化认同中创新思想政治教育话语体系。其三，言说主体增强主体性，就要增强话语意识。话语意识要求言说主体要善于从话语的理论视野和思想逻辑出发来审视、辨析与应对问题。以社会主义核心价值为例，增强话语意识就要善于"从话语角度去观察和分析社会主义核心价值观及其培育和践行，找出它作为一种新的话语系统的因素构成和主要特点……以更加自觉有力的话语方式去培育和践行社会主义核心价值观"[①]。

在思想政治教育话语交往实践中，言说对象是双重特性的统一体。对于言说主体主导的思想政治教育话语交往实践而言，话语言说对象具有客体性、受动性的一面，在这一话语交往实践中，他是言说主体意欲通过自身主导的话语实践予以改变的对象。言说对象具有受动性，但受动并不等同于被动，言说对象在接受、内化并实践思想政治教育话语及其内蕴的核心价值过程中，就表现出鲜明的主体性的一面。可以说，只有言说对象真正具备主体性，思想政治教育话语交往实践过程才能获得完整性与有效性。思想政治教育话语交往实践的有效性既需要言说对象客体性在场，更呼唤言说对象主体性的出场。因为"教育对象的性质是影响思想政治教育施教活动中主—客体关系确立的关键因素之一，而作为教育对象的性质对思想政治教育施教获得中主—客体关系的确立起作用的，正是教育对象的主体性"[②]，因此，思想政治教育话语交往实践的完整性与有

---

① 刘建军.社会主义核心价值观对思想政治教育的话语启示[J].当代中国价值观研究，2016(2):35.

② 沈壮海.思想政治教育有效性研究[M].武汉:武汉大学出版社，2016:72.

效性对言说对象的要求就集中体现为对言说对象主体性的要求。具体而言,思想政治教育话语言说对象增强主体性就是指言说对象以高度自觉意识认知到自己被特定思想政治教育话语实践塑造的过程,并逐步认知、理解、认同言说主体所传播的知识体系、思想观念与价值体系,并自觉认同、积极配合、努力追求思想政治教育话语言说主体所希望实现的思想政治教育价值,既体现出学习与接受一定思想政治教育话语的主动性,也体现出认同并实践思想政治教育话语的主动性。

二、以问题为始:在坚持问题导向中创新思想政治教育话语体系

"主要的困难不是答案,而是问题。"①为什么要将问题而不是别的什么视为主要的困难? 为什么要在"答案"与"问题"的困难程度比较中凸显"问题"的主要矛盾地位? 这是因为按照马克思主义的观点,事物矛盾的表现形式就是问题,将问题视为主要的困难就是承认矛盾的客观性与普遍性。习近平总书记曾在不同的讲话、会议、调研中多次强调坚持问题导向的重要性。他指出:"问题是创新的起点,也是创新的动力源。"②话语体系不是超脱于社会的存在,不是时代之外的存在。围绕一定问题展开的特定实践是思想政治教育话语体系创新的根基与起点。习近平总书记强调:"从某种意义上说,理论创新的过程就是发现问题、筛选问题、研究问题、解决问题的过程。"③中国共产党能领导中国人民谱写出一个又一个伟大而生动的乐章,就是因为党在革命、建设与改革时期抓住了中国的重大现实问题。问题是话语体系建构的逻辑起点,有问题,才有话语的生成,有问题域,才有话语群的发展。问题聚集之处,才是话语集成之所,问题丛生的时代,才是话语中兴的时代。思想政治教育话语的生成只有以问

①　马克思,恩格斯.马克思恩格斯全集(第40卷)[M].中共中央马克思恩格斯列宁斯大林著作编译局,编译.北京:人民出版社,1960:289.

②　习近平.在哲学社会科学工作座谈会上的讲话[N].人民日报,2016-05-19(02).

③　中共中央党史和文献研究院.十八大以来重要文献选编(下)[M].北京:中央文献出版社,2018:324.

题为始才是生动的、深刻的,思想政治教育话语体系的创新只有基于思想政治教育的问题之上才是现实的、科学的。思想政治教育话语体系的构建要坚持问题导向,增强问题意识,在发现问题、研究问题、解决问题的过程中提炼、概括思想政治教育原创性话语。

"话语是展开了的问题。"①思想政治教育话语的生成逻辑就是问题逻辑,只有坚持问题导向,紧紧围绕思想政治教育的问题,思想政治教育的话语才能生成。那么,如何坚持问题意识与问题导向呢? 关键就在于增强思想政治教育的"问题质量"意识。一句话,"问题的质量决定话语的分量"②。无论思想政治教育理论研究,还是思想政治工作实践,问题总是杂陈分布在不同的空间与层次,"有些问题属于细枝末节、鸡毛蒜皮的问题,没有价值去研究;有些问题属于常识性问题,本身并不蕴涵深刻的理论问题,没有必要去研究;有些问题受制于当下的历史条件,尚未充分展开,还没有可能去研究"③。因此,并不是思想政治教育中所有问题都需要并可能聚焦升华为"话语中的问题"。需要特别强调的是,在百年未有之大变局中,在充满不确定性的今天,思想政治教育面临的问题是多样、多重、多领域的,是有主次之分的,是有中心、边缘之分的。如果没有对重大问题和中心问题的关注和聚焦,就会被纷繁复杂的散在问题所湮灭,就会漫无边际。由此可见,推进思想政治教育话语体系的创新发展仅仅坚持问题意识是不科学的,还必须强化问题的质量意识,善于抓住重大问题和中心问题。要梳理检视哪些问题是影响思想政治教育话语研究的元问题,哪些问题是创新思想政治教育话语体系需处理的前提性问题,哪些问题是我们创新思想政治教育话语体系需应对的重大紧迫性问题。当前,我国在推进伟大事业进程中面临的问题都是前所未有的,我们不能寄希望于以旧的话语阐释新的问题,也不能以他者的话语应对我国新的情况。学术研究的前沿领地无法"空降",也不能"空创",唯有踏踏实实努力攀登才有可能抵达。我们认为,只有那些"思想政治教育所特有""思想政治教

---

① ② ③ 　陈曙光.论中国话语的生成逻辑及演化趋势[J].马克思主义研究,2016(10):95.

育基础性的"的重大、根本而基础的问题,才是我们推进思想政治教育话语体系创新发展应优先聚焦的问题。

三、以理论为基:在深化基础理论研究中创新思想政治教育话语体系

理论蕴藏在话语身后,话语为理论的表现形式。"话语建设的核心首要是理论建设。"①理论与话语相互支撑,构成话语的基本结构。理论和话语是同一事物的两个方面。据此,我们也可以说话语体系的发展离不开理论的创新。理论的原创性是特定话语体系的核心话语力、竞争力,缺乏原创性的理论,不仅仅是思想政治教育话语体系,哲学社会科学的任一话语体系都可能因为缺乏根基而陷入一种"无根的""无深度的"存在,自然也会因其无独特性而极易被其他话语体系所同化,也可能依附于其他理论成为一种"依附性"话语体系而丧失独立性,失去话语力与竞争力,从而由于难以产生影响而丧失话语权。

纵观哲学社会科学诸多学科话语体系的生成过程,无一不是建立在深厚的理论根基之上,基础理论之于学科话语体系,犹如水之源、木之根。思想政治教育基础理论是学科发展的重要根基、丰厚滋养与持续动力,离开基础理论的支撑和滋养,思想政治教育话语体系的构建必然迷失方向、流于空谈。因此,必须在增强思想政治教育基础理论的主体性与原创性过程中推进其话语体系的创新发展。纵观 40 年来我国思想政治教育学科的发展,我们虽然构建了以原理、方法论、思想政治教育史等为主干的学科体系,在理论创新上也取得了一系列重大成果,但"标志着学科成为一门独立学科的学科基本概念、学科内涵、学科定位、学科边界等,在学术界还没有形成统一的认识;一些思想政治教育的基本理论问题……还有待继续深化研究"②,充分体现学科特色、学科风格、学科气派的思想政治

---

①　韩庆祥.话语建设的核心首要是理论建设[J].理论视野,2018(10):18.

②　冯刚.深化新时代思想政治教育基础理论研究[J].思想政治教育研究,2020(1):2-3.

教育基础理论体系尚未形成。正如张耀灿教授所言："思想政治教育基础理论创新研究既大有可为又任重道远。"①推动思想政治教育话语体系创新发展，关键在于做好基础工作、长远工作。思想政治教育话语体系创新发展的实现需要推进思想政治教育基础理论研究，需要高度重视思想政治教育话语理论基础与基础理论研究。我们要构建由概念、术语、范畴、表述等组成的思想政治教育话语体系，以我们正在做的事情为中心，用新的概念、新的范畴、新的术语、新的表述来阐述马克思主义中国化、时代化最新理论成果——习近平新时代中国特色社会主义思想，这是我们推进思想政治教育话语体系创新发展的重大任务。思想政治教育话语体系理论基础研究应涵盖思想政治教育话语主体、对象、内容、方式、语境、评价及其相互关系，我们需要进一步研究哪些理论可以构成思想政治教育话语的理论基础，关于思想政治教育话语的元问题有哪些，思想政治教育话语与思想政治教育内容是什么关系。这些涉及基础理论的内容从根本上制约着思想政治教育话语体系的创新发展，是我们在创新思想政治教育话语体系中需要回答的问题。需要指出的是，对基础理论的研究并不必然要全部解决之后才能推进思想政治教育话语体系创新，也就是说，思想政治教育话语基础理论研究与话语体系研究并不存在逻辑上必然先后关系，思想政治教育学人与学术共同体要增强原创意识，在新时代的语境下，推进思想政治教育的基础理论研究，进而推动思想政治教育话语体系创新。

四、以传统为源：在继承中华优秀传统文化话语资源中创新思想政治教育话语体系

新时代推进思想政治教育话语体系创新发展"要善于融通古今中外

① 万美容,吴倩.新时代思想政治教育基础理论创新研究如何深化发展？——第一、二届"新时代思想政治教育基础理论创新论坛"综述[J].思想教育研究,2020(1):155.

各种资源"①。习近平曾指出："中华优秀传统文化的资源，这是中国特色哲学社会科学发展十分宝贵、不可多得的资源……善于继承和弘扬中华优秀传统文化精华。"②话语在本质上是实践的，即话语是"有根的存在"，不是"无根的飘摇"。思想政治教育话语体系的创新是有根的创新，是有源头活水的创新。新时代思想政治教育话语体系的创新，需要不忘本来，尊重中华优秀文化中的理论资源、思想资源与话语资源，在浩瀚深邃的中华优秀传统文化中汲取养分。话语体系的创新需要"开掘本土资源，活用传统，用活传统"③。中国优秀传统文化中的话语资源与思想基因构成了新时代思想政治教育话语体系创新的重要来源，优秀传统文化中的有些话语随着时代发展被"意义再赋"，这些经过创新阐释与意义再赋的话语本身就构成了思想政治教育话语体系的重要组成部分。比如，春秋时期管仲对齐桓公论述霸王之业开始之所在就是"以人为本"，"以人为本"在经过中国共产党人的时代性阐释与马克思主义的意义再赋之后，就成为中国特色社会主义理论体系中科学发展观的核心话语。中国传统文化蕴含着丰富的"和谐"思想，既包含"人法地，地法天，法天道，道法自然"的"天人合一"人与自然和谐思想，又包含人与人之间交往关系的"和为贵"和谐思想，也包含作为个体的人的"身"与"心"神形合一的和谐思想，还包含认识与应对民族、国家关系的"协和万邦"和谐思想。进入 21 世纪之后，中国共产党人赋予"和谐"以时代化阐释，党的十六大报告提出"社会更加和谐"的目标，党的十六届四中全会明确提出"构建和谐社会"的任务。儒家倡导的"因材施教""循循善诱""愤启悱发"的思想与方法成为思想政治教育的重要原则与基本方法。

　　"话语的运用对教育的效果具有重大的影响。同一个道理用不同的话语来表达，在受教育者那里就会产生不同的感受和效果。"④文化自信所

---

①②　习近平.在哲学社会科学工作座谈会上的讲话[N].人民日报，2016-5-19(2).

③　沈壮海.学术话语体系建设的理与路[N].贵州民族报，2017-2-13(3).

④　刘建军.社会主义核心价值观对思想政治教育的话语启示[J].当代中国价值观研究，2016(2):36.

散发出的更基本、更深沉、更持久的力量往往就是这个国家、民族优秀传统文化话语所特有的温润人心的柔性力量。蕴含文化含量的话语使人如沐春风,其对人的影响潜移默化、深远持久,更能为思想政治教育话语交往实践中言说对象所接受与认同。习近平总书记善于用典、精于用典,他运用典故中的话语资源丰富了思想政治教育的言说内容,有利于提升思想政治教育话语交往实践的有效性。比如,习近平多次引用"奋斗"典故,激励引导全国各族人民艰苦奋斗,用奋斗铸就幸福人生。这些传统文化中关于"奋斗"的话语增加了思想的历史感与感染力,同时典故中的话语与接地气的群众话语相统一,形成了独特的话语风格与话语魅力。再如,社会主义核心价值观是由形式话语、内容话语和教育话语构成的新的话语系统。① 以社会主义核心价值观内容话语中的"敬业"话语为例,可以在我国优秀传统文化中承继有关敬业的话语资源,感受敬业的价值魅力。"敬业"作为一种价值观,是中华民族的传统美德。早在《礼记》中就有"敬业乐群"的话语表达,《周易》将敬业作为君子的价值追求,强调君子要"进德修业"。孔子则用"执事敬""事思敬""修己以敬"等话语来表达敬业的重要性。孟子讲:"君子创业垂统。"荀子也说:"行义以正,事业有成。"北宋程颐对"敬"作出阐释:"所谓敬者,主之一谓敬;所谓一者,无适之谓一。"朱熹说:"主一无适便是敬。"相较于提要求式的强硬的刚性命令话语,中国优秀传统文化中的敬业话语是一种柔性话语,温润中蕴含着力量。新时代对敬业的话语阐释与传播如若从中华优秀传统文化中汲取话语魅力,就能更好地引导言说对象自觉遵守职业道德,更好地培育言说对象的敬业精神。

---

① 刘建军.社会主义核心价值观对思想政治教育的话语启示[J].当代中国价值观研究,2016(2):35.

五、以世界为鉴：在批判借鉴国外话语表达中创新思想政治教育话语体系

习近平总书记指出："对人类创造的有益的理论观点和学术成果，我们应该吸收借鉴，但不能把一种理论观点和学术成果当成'唯一准则'。"①习近平总书记为话语体系的创新提供了方法论原则。从应然上讲，话语体系包含着对话语逻辑性的内在规定性要求，话语体系是否有条理、是否规范、是否有逻辑直接关系到话语功能的发挥。思想政治教育话语言说内容的创新并非话的机械排列、任意堆砌与简单组合，而应该是思想政治教育的基本概念、核心范畴和基本原理等围绕着清晰合理的逻辑线条而生成的有机的话语系统。我们以近代政治学中的分权话语体系为例，彼时的资产阶级政治思想家将"人生而自由""人生而平等"视作不言而喻、不证自明的政治公理，继而引出"财产""自由""平等""公平"等一些基本概念。他们以"人生而自由"为逻辑前提，而"一切有权力的人都容易滥用权力"，为了获得政治自由必须防止权力不被滥用，继而提出"要防止滥用权力，就必须以权力约束权力"的分权学说，最后将分权理论通过宪法等制度设计外化出来，使立法、行政、司法彼此制约，进而凝练出"法治""分权""有限政府""制衡"等基本范畴。尽管资产阶级的"自由""平等"等概念是抽象的人本话语，但就话语体系的构建形式而言，其从论证前提到逻辑推演再到得出结论具有鲜明的逻辑性。这种逻辑性不仅使政治学话语的生成顺理成章，从而奠定了近代政治学的核心概念基础，而且使分权学说话语体系的建构具有逻辑上的形式美，揭示了"财产""自由""平等""公平""法治""分权""有限政府""制衡"等一些基本概念、范畴、术语之间内在的有机联系。因此，思想政治教育的话语体系应该认真审视国外话语体系的生成历史，以严谨的批判精神借鉴国外话语言说内容与表达方

---

① 中共中央党史和文献研究院.十八大以来重要文献选编（下）[M].北京：中央文献出版社，2018：324.

式,基于科学的逻辑前提,围绕清晰明确的逻辑线条,通过符合逻辑的合理推演而创新思想政治教育话语,这样才能推动形成思想政治教育学术共同体通约的话语研究范式,避免话语交往时出现"各说各话,自说自话"的话语错位局面,从而推进思想政治教育话语体系创新研究走向深入。

六、以表达为要:在增强言说方式辩证性中创新思想政治教育话语体系

话语表达是思想政治教育话语交往实践中的关键环节。无论政治性表达、学理性表达,抑或时代化表达、生活化表达,从根本上讲,都是以特定话语来表达、阐释一定的思想与内容。一句话,严谨的政治内容、深刻的学术内容、抽象的理论内容、生动的生活内容都是要通过特定的、准确的话语才能充分表达出来,才能为思想政治教育的言说对象所认知、理解与认同,进而影响言说对象的思想和行为。沈壮海曾指出,思想政治教育的内容有"Ⅰ"和"Ⅱ"之分,其中,内容Ⅰ是原有内容,因为学科内容有其内在的逻辑结构,根据学科内在的逻辑而呈现的就是原有内容。而出于教育教学需要而编写的讲义内容则是转换后的内容,即内容Ⅱ。[①] 这样的提法同样适用于思想政治教育的话语。根据学科内在逻辑而表达的话语构成话语Ⅰ,面向言说对象转换过的话语构成话语Ⅱ。话语Ⅰ的创新既是思想政治教育学科发展的标识,也是学科发展的结果,需要思想政治教育学人与学术共同体的同心协力。思想政治教育话语体系创新在话语转换上下功夫同样重要。刘建军认为思想政治教育的话语转换可以分为两类:一类是由于内容本身的转变而引起的话语转换。另一类是出于教育教学的需要而实行的话语转换。[②] 他进一步指出,在以上两种情形中,第二种转换对我们而言更重要。笔者赞同这种观点。思想政治教育话语言

---

① 沈壮海.思想政治教育有效性研究[M].武汉:武汉大学出版社,2016:81.
② 刘建军.思想政治教育的话语转换及其路径[J].安徽师范大学学报(人文社会科学版),2016(4):398.

说主体所施行的话语调整就是要在共同的思想内容的基础上优化思想政治教育话语表达,增强话语言说方式的辩证性,为话语表达"增魅"。具体而言,在话语表达中坚持政治话语学术化阐释与学术话语政治性引领辩证统一,经典话语时代性表达与时代话语经典性阐释辩证统一,理论话语生活化诠释与生活话语理论性升华辩证统一。

(一)坚持政治话语学术化阐释与学术话语政治性引领的辩证统一

在思想政治教育话语表达中要善于以学术话语阐释政治内容。"思想政治教育是以一种政治思想为核心的宣传教育活动……在思想政治教育话语中,政治性话语是不可缺少的,也是不能回避的。"①政治话语严谨度高,本身就具有形式逻辑的美感,其表达的政治内容直接明确。在思想政治教育话语交往实践中,需要对政治话语进行学术化阐释。因为话语言说的对象是多元的,且针对知识文化水平较高的言说对象如知识分子、大学生群体而言,政治话语是熟知的话语样态,他们关注学术,服膺学理,习惯从学理的高度和视角来审视政治问题,渴望从学理思考政治内容与政治主题的基本逻辑,因此,对于政治内容与政治主题进行学术性话语的阐释,思想政治教育话语的传播就会收到良好的效果。而且,对于社会大众而言,专家学者基于学术的立场能够以更加理性客观的学术话语阐释政治主题,因而也更为社会大众所信服。同时,在思想政治教育话语表达中要坚持以政治性引领学术话语。思想政治教育话语不仅在于传授知识、传播真理,更在于其具有鲜明的政治属性,通过传授知识塑造言说对象的世界观、人生观、价值观,树立正确的理想信念,增强政治认同感。为此,在思想政治教育学术话语的表达中要旗帜鲜明、理直气壮地讲政治,用政治性引领学理性。以"民主"这一教学话语为例,必须以政治性为引领,教育引导学生正确认识理解民主的价值。民主是工具、手段,也是目的,具有工具性与目的性双重属性。从价值论看,民主是工具价值与目的

---

① 刘建军.思想政治教育的话语转换及其路径[J].安徽师范大学学报(人文社会科学版),2016(4):398.

价值的统一。说民主具有工具性与工具价值,是因为民主是一种有效推动人类社会发展的政治制度安排。从公民个体层面来讲,民主有利于促进公民个人权利的实现,提升人民的幸福感与获得感;从社会层面来讲,民主有利于保障社会和谐稳定,促进社会公平正义;从国家层面来讲,民主有利于促进国家繁荣发展。说民主具有目的性与目的价值,是因为中国共产党领导中国人民实现从站起来、富起来到强起来的伟大飞跃就是让中国人民真正当家作主;是因为从马克思主义人学理论来看,人的发展离不开人的民主权利的实现,民主本就是人实现自由、全面发展的重要内容;是因为民主是社会主义核心价值观中国家层面的价值目标,是社会主义致力的核心价值。我们在表达思想政治教育的"民主"话语时,要坚持政治性,教育引导言说对象认识民主的价值就必须将民主的工具价值与目的价值统一起来。离开民主的工具价值而空谈民主的目的价值,认为民主就是一切,民主至高无上,民主就是终极目的的想法,不仅是天真的,而且是有害的。同样,也不能忽视民主的目的价值而空谈其工具价值,任何忽视、拖延与拒斥民主的做法,都不利于拓展人民的民主权利,都不利于人民当家作主,都是错误的。

(二)坚持经典话语时代性表达与时代话语经典性阐释的辩证统一

马克思主义的经典话语是深度性与大众化的统一,其部分理论话语有深奥的一面,需要进行理论探索与思维运思才能感知到话语背后的思想真谛。而随着社会实践的发展,特别是话语本身的革命与发展,时代化的话语表达对于处于相应时代的人们而言更加贴切、也更接地气。因此,优化思想政治教育的话语表达,就要将经典话语时代性表达与时代话语经典性阐释辩证统一起来。以马克思主义经典作家中的"斗争"这一经典话语为例,对于大多数中国人,特别是熟悉马克思主义发展史、世界社会主义运动史、中国共产党党史、中华人民共和国史的人来说,"斗争"是人们最为熟悉的话语之一。曾经,"斗争"这一神圣而充满力量的话语让无数仁人志士对革命充满向往而献身于革命运动的洪流之中,但也让受其

影响的人对斗争充满恐惧而拒斥斗争。在拒斥斗争的人的视野中,所谓
"斗争",即武装革命,即暴力流血,即冲击既有社会秩序与夺取政权,"斗
争"是专属于疾风骤雨的革命历史时期话语。需要指出的是,这种观点对
"斗争"这一话语的认识是存在误读与误释的。在马克思主义历史观的视
野中,斗争是一个内涵极其丰富、概括性强、抽象度高的范畴,阶级斗争只
是斗争的重要表现形式,并非全部内容,阶级斗争只是推动人类社会向前
发展的重要动力,并非唯一动力。事实上,在马克思主义历史观的理论逻
中,斗争是扬与弃、立与破、肯定与否定的统一。新时代中国共产党人对
于"斗争"这一马克思主义经典话语进行了时代化阐释。显然,中国共产
党的斗争对象直接指向的是治国理政的方方面面,因此,新时代从根本上
来看,中国共产党"斗争精神"本真指向的是有意识、有目的地在为人民而
进行的"实际地反对并改变现存的事物"或"改变世界"的活动中展现出来
的积极主动、奋发进取、勇于担当、善于作为、永不懈怠、一往无前的精神
状态。

　　所谓时代话语经典性阐释是指思想政治教育话语表达要将随着实践
发展而生成的时代话语进行马克思主义的经典回归,深化时代话语的理
论阐释力。我们以"人类命运共同体"这一时代话语为例。在遭遇重大变
局与充满不确定性的今天,当人类又一次站在十字路口,人们不禁发出
"世界怎么了、人类向何处去"的世界之问,不禁发出"合作还是对抗""开
放还是封闭""多边主义还是单边主义"的时代之问。其实早在 19 世纪,
"对于资本主义生产方式引发的世界之问,马克思给出了利用世界市场走
向'真正共同体'的答案"①,"世界市场及其矛盾,是当时马克思必须面对
也是当下'人类命运共同体'无法回避的历史环境"②。将"人类命运共同
体"的时代话语回归到马克思主义的经典理论视野中进行考察,不仅能看
到"人类命运共同体"在世界历史视野、人类关怀精神、平等交往理念等方

---

① ②　孙来斌.论"人类命运共同体"与马克思共同体思想的关系[J].马克思主义研究,
　　　2019(12):35.

面对马克思共同体思想之继承,还能看到"人类命运共同体"在时空境遇、时代内涵、实现方式等方面对马克思共同体思想之发展。"人类命运共同体"深化了时代话语的理论阐释力,提升了时代话语的传播魅力。

(三)坚持理论话语生活化诠释与生活话语理论性升华的辩证统一

所谓理论话语生活化诠释就是要以贴近群众实际生活的话语对理论话语予以诠释,以此提高理论话语的穿透力与解释力,提升理论话语传播的有效性。毛泽东曾在延安文艺工作座谈会上讲话指出:"什么是不懂?语言不懂,就是说,对于人民群众的丰富的生动的语言,缺乏充分的知识。"①优化思想政治教育话语表达就是要将理论话语以"有根"的生活话语诠释,以"有趣"的生活话语解读,以"有情"的生活话语通晓。以"有根"的生活话语诠释,是指理论话语的转向问题,是指扎根于群众的实际生活,符合群众生活的话语现实性表达。以"有趣"的生活话语解读,是将话语表达进行通俗化演绎,增强话语表达的"味道"。习近平话语中许多新词、俚语就是增强趣味性表达的典范。以"有情"的生活话语通晓,是指寓情于理,寓理于情,以情理交融的生活话语进行表达。

所谓生活话语理论性升华是说要尊重人民群众的首创精神,扎根群众,走近人民群众的生活,善于倾听人民群众的生活话语,并加以总结分析,吸收人民群众的生活化话语,将生活话语赋予理论意蕴。

七、以语境为匡:在优化言说语境中创新思想政治教育话语体系

"文本阐释受到语境约束,语境决定意义。"②任何有效性叙事都不能离开特定的语境,思想政治教育话语交往实践中,言说主体与言说对象都会自觉不自觉地在大脑中寻找与话语内容相关的语境,从而达到理解与同一。在现代阐释学的视野中,语境可以辅助言说对象"从某个立足点出

---

① 毛泽东.毛泽东选集(第 3 卷)[M].北京:人民出版社,1991:850.
② 吕洁,陈开举.语境参数、文本阐释与意义确证——论语境对阐释的约束[J].哲学研究,2020(8):90.

发所能看到的一切"①,推动言说主体与言说对象视域的融合。在思想政治教育话语交往实践中,无论参与话语交往的主体是否自觉,语境都在客观地发挥作用。思想政治教育话语言说语境是为思想政治教育话语交往实践有效展开而创设与优化的,是作为思想政治教育话语体系其中的一个基本构成要素而对思想政治教育的话语交往实践活动发生作用的客观基础与"精神氛围"。在思想政治教育话语交往实践中,言说语境内蕴着思想政治教育的目的与价值,为思想政治教育言说主体与言说对象之间话语关系的确立及话语交往的顺利进行提供着物质载体与精神纽带。

在语用学的视野中,准确恰当理解话语的含义与意义就是"听话人或读者成功激活与发话人或作者在其话语中预设的最佳关联语境的过程"②。从一定意义上讲,语境关联思想政治教育话语含义。言说语境对于思想政治教育话语语义及话语背后的"道"都有着一定的限制与补充阐释、深描刻画作用,思想政治教育话语功能的发挥离不开言说语境的有效在场,而言说语境的有效性源于其对思想政治教育内容以及目的、目标的"高度涵容性"③。语境的涵容性很强,包括各类要素,既包括话语交往实践发生的时空、上下文、言说主题、言说目的,又涵盖主体的精神因素,如知识体系、价值观念、信念信仰。但不能因为语境的强涵容性而将语境视为无所不包的概念,这样就容易陷入不可知论。实际上,在具体的思想政治教育话语交往中,并不是所有的语境要素都能发挥作用。关联理论认为语境是动态的、认知性的、可及的。在思想政治教育话语交往中,只有那些能同时进入言说主体与言说对象话语视域中的语境要素才能发挥作用,才能称之为有效语境要素,才能成为影响话语含义与意义的关联性语境要素。比如,如果话语言说对象多元,语境要素的选取只是与少部分对象关联,那么话语交往实践的有效性就难以保证。思想政治教育话语言

---

① 伽达默尔.诠释学 I:真理与方法[M].洪汉鼎,译.北京:商务印书馆,2019:12.
② 陈开举.从语境看阐释的有限与无限[J].社会科学辑刊,2020(6):45.
③ 沈壮海.思想政治教育有效性研究[M].武汉:武汉大学出版社,2016:96.

说主体创设、优化话语语境,要根据言说对象人数的多少、身份、知识体系等等选取特定语境要素,采用特殊的话语策略才能实现思想政治教育的话语交往目的。

"可及性是话语含意理解的关键。物理语境要素中的相关部分变为双方互明的成分进入到双方的认知范畴内,才能构成有效的推理前提中的语境成分。"①思想政治教育话语交往实践的有效展开同样离不开可及性的实现,在思想政治教育话语交往实践中,言说主体要选取互明的时间与空间,使话语交往的时间与空间等语境要素对言说主体与言说对象都是可及的,规避语义理解与意义空间的模糊性。此外,还要关照具有历史性的文本话语,这在思想政治理论课教师的课堂讲授话语中要尤其注意。由于文本的历史性,文本作者阐释的话语语境与阐释者的话语语境具有不可对称性,思想政治教育话语言说主体要首先恢复文本话语作者所认知的基本语境要素,要回归文本的语境,借助知识考古方法实现对文本话语的科学阐释,在此基础上对历史性文本话语进行阐释,进而对言说对象进行教育与引导。思想政治教育话语言说主体要首先尝试建构与文本作者基本一致的社会历史视野,社会历史视野中涵盖了丰富的精神性因素,如价值观念、信念信仰等,这就需要言说主体回归话语历史语境,言说主体只有精准选取与话语内容真正关联的语境要素才能构成对话语阐释的有效语境成分。此外,话语的言说主题与言说目的具有言说主体的个人主观情感色彩。思想政治教育话语言说主体在语境中要有情感投入,在增加话语的情感力量与了解言说对象的心声、诉求与利益基础上为言说对象释疑解惑,满足言说对象的精神需求,用真挚的情感影响言说对象,赋予话语语境以情感亲和力,营造叙事的情感亲和力与感染力,在语境选取中将自己的真挚情感投射到言说对象身上,以一棵树摇动另一棵树,从整体上优化话语言说语境,有效提升思想政治教育话语言说语境的涵容性。

---

① 陈开举.从语境看阐释的有限与无限[J].社会科学辑刊,2020(6):48.

八、以实践为据：在扎根实践科学评价言说效果中创新思想政治教育话语体系

马克思对基于观念出发视角来解释实践的德国古典哲学进行了彻底清算，将被颠倒了的话语生成逻辑颠倒了过来，实现了"话语逻辑的革命性变革"①。思想政治教育作为一门实践性强的应用性学科，其话语体系创新必须从实践出发。同理，思想政治教育话语言说效果的评价也必须以实践为依据，紧紧把握实践脉搏，在现实的实践中科学评价言说效果。

以实践为依据，提升思想政治教育话语言说效果评价的科学性，其一就要科学确定评价内容。"思想政治教育结果的有效性在本质上也是一种价值属性。"②同样，对于思想政治教育话语言说效果的评价需要基于特定的、具体的价值关系进行。如前文所述，思想政治教育话语交往实践的过程是诸多要素嵌入其中的，其复杂性高。对于思想政治教育话语言说效果评价应至少包括三个内容：一是基于言说对象的视角，评价思想政治教育话语交往实践对言说对象思想与行为的效用；二是基于言说主体的视角，评价思想政治教育话语交往实践效果对于言说主体需要的满足，评价言说主体主导的思想政治教育话语实践的目的与需要实现的程度；三是基于整体性视角，对思想政治教育话语交往实践展开整体性、综合性、系统性价值评价，评价阶段性话语交往实践效果对于思想政治教育话语交往实践持续展开的有效性与促进性。

其二就要科学确定评价标准。"标准决定质量。"③科学的评价标准既是思想政治教育话语言说效果的前提，又有利于思想政治教育话语交往实践的优化。其应具有以下特征：一是全面性。既要评价话语言说对象的思想认识，又要评价言说对象的行为，既要评价特定思想政治教育话语

---

① 陈曙光,陈雪雪.话语哲学引论[J].中共中央党校(国家行政学院)学报,2019(2):52.

② 沈壮海.思想政治教育有效性研究[M].武汉:武汉大学出版社,2016:126.

③ 习近平.大力学习弘扬焦裕禄精神继续推动教育实践活动取得实效[N].人民日报,2014-3-19(1).

对言说对象产生的效果,又要评价思想政治教育话语体系其他基本要素的状况。二是发展性。话语评价标准是话语交往实践的产物,也将随着思想政治教育话语体系的创新而发展。三是可操作性。即依据该标准可以得出基本准确的评价结果。思想政治教育话语言说效果的评价基于不同的评价内容而有所不同。如对言说对象的评价,主要是对思想政治教育话语实践前后其思想与行为的变化评价,而对思想政治教育话语交往实践的整体性评价,标准至少包含主体素质、言说内容、方针方式、言说技巧、结果程度等。

其三要坚持科学的评价原则。一是坚持静态评价与动态评价相统一。通过静态评价,可以明确思想政治教育话语交往实践是否达到预设的目标,如通过访谈、问卷调查等方法对大学生思想政治理论课的核心概念、范畴等话语掌握情况进行把握。动态评价就是要注重话语交往实践的过程性评价,评价阶段性的话语交往效果对于思想政治教育话语交往实践的持续展开是否具有促进性与有效性。二是统一性评价与差异性评价相统一。思想政治教育的对象是人,其话语言说内容具有丰富性,既有思想观念话语、精神品格话语,又有行为规范话语、心理情感话语。从个体角度看,其话语交往实践的最终目标是提升人的思想政治素质,促进人的全面发展,这就要求思想政治教育话语言说效果的评价要遵循统一性的标准,统一评价思想政治教育话语体系基本要素与思想政治教育话语交往实践的各个环节。同时,就话语言说对象而言,个体与群体之间存在差异,不同学习阶段也存在差异,例如不同身份的言说对象、不同年龄阶段的言说对象,对于思想政治教育话语言说效果的评价当然不能以统一性标准要求。可见,在思想政治教育话语交往实践的评价中,既要关注统一性评价,又要注重差异性评价,根据话语言说对象的具体特点针对性展开评价,以此保证评价结果既全面又真实地反映思想政治教育话语交往实践的实际情况。三是过程性评价与结果性评价相统一。结果性评价与过程性评价功能不同,相互补充。过程性评价"目的在于了解教育实施过程中的现实效果,及时发现教育工作中存在的问题与缺陷,并加以纠正,明确今后的方向,强化工作中的薄弱环节"①。思想政治教育话语言说效果的评价不是一次完成、一蹴而就的,要对思想政治教育话语交往实践的具体环节,如决策环节、组织环节、实施环节、反馈环节等,进行过程的、即时的评价,应侧重思想政治教育话语交往实践过程中的改进与完善。结果性评价是在具体思想政治教育话语交往实践结束之后,例如一次谈心谈话、一个主题系列理论对话之后,对话语交往实践的效果、效率、效益状况等进行评价。

九、以发展为本:在不断增强国家硬实力基础上创新思想政治教育话语体系

任何时代,话语体系的创新都离不开成功的社会实践。任何地方,话语体系的创新都青睐于成功的故事。只有我国硬实力不断增强,中国特色社会主义伟大事业不断推进,中国特色社会主义道路越来越宽广,中国特色社会主义理论不断与时俱进,中国特色社会主义制度优势不断发挥,中国特色社会主义文化魅力不断彰显,思想政治教育话语体系的创新发展才能获得坚实的基础,新时代思想政治教育话语体系才有源源不断的创新空间。从根本上讲,思想政治教育话语体系的创新有效路径往往不在话语本身,不在话语的道义性与真理性,而在话语之外,在于国家硬实力。在国际话语通行规则面前,话语的道义性、真理性与支撑话语的硬实力"三者正相匹配是理想,二律背反是常态"②。因此,新时代思想政治教育话语体系创新必须以发展为本,以不断增强的国家硬实力为坚实基础。

具有真理性与道义性的话语体系只是取得话语权的必要条件,而不是充分条件。话语权的实现从来不是仅仅依据具有真理性、道义性的话语就可以实现的,现实主义告诉我们真理永远只是在大炮的射程之内、在国际社会的丛林法则面前,不是所有具有合理性的话语都会转换为话语

---

① 王茂胜.思想政治教育评价论[M].北京:中国社会科学出版社,2006:178.
② 陈曙光.政治话语的西方霸权:生成与结构[J].政治学研究,2020(6):38.

权。人类历史上,发出正义与公平的话语声音不胜枚举,但这种正义的声音不是被非正义的话语所淹没,就是被非正义"拳头"所蔑视、所忽略。可以说,话语权的实现,必须具备以下要素:一是话语体系的价值。该话语体系是否思入历史与时代的深处,解释了时代现象,回答了时代问题,具有主导世界文明进程的思想张力。二是话语体系背后的国家硬实力。主要反映在国家生产力水平、经济社会发展水平、社会治理水平、科技水平以及军事实力是否达到当代世界发展进程的高度。因此,思想政治教育话语权的取得以及话语体系创新的空间往往不取决于话语真理与道义的力量。从根本上来讲,话语权较量与争夺的背后是国家硬实力的较量。国家的硬实力越强,言说的身份和地位就越重要,言说内容就越受到关注,其话语权也自然越强。"说什么并不重要,关键是谁在说,话语权的强弱往往是由说话者的地位和身份决定的。"①今天,新时代思想政治教育话语体系的创新同样离不开国家硬实力的支撑,思想政治教育话语体系创新来源于中国特色社会主义伟大事业的合规律性,来源于不断创新的中国特色社会主义伟大实践。进入21世纪以来,中国姿态在国际舞台上频频亮相,中国奇迹让国际目光聚焦东方,中国贡献使国际社会大为赞叹,正是中国道路的成功实践使得中国话语在世界交往场域中屡次出场。一句话,中国话语的屡次出场与不断铺就的"中国道路"是分不开的,与不断书写的"中国故事"是分不开的。没有发展力量的支撑,没有硬实力的提升,不仅无法赢得话语权,而且思想政治教育话语言说内容的创新发展也将很大程度受限。因此,新时代思想政治教育话语体系创新应该以发展为本,坚持发展这个第一要务,坚持以经济建设为中心,不断增强国家硬实力,以发展的力量展示中国形象,以发展的实力营造思想政治教育话语体系创新的发展空间,以发展的图景奠定思想政治教育话语体系创新的坚实基础。

---

① 陈曙光.中国时代与中国话语[J].马克思主义研究,2017(10):66.

第三节　新时代思想政治教育话语体系创新需警惕的陷阱

创新思想政治教育话语体系是一项艰难的工程。其艰难性不仅在于理论与实践的间距、实然与应然的鸿沟,而且在于这项工程涉及遵循话语体系发展规律与发挥主体性、普遍性与特殊性等诸多问题的应对。作为自觉建构与内生演化的学术积淀,新时代思想政治教育话语体系的创新需要警惕"运动化""空心化"陷阱。

一、新时代思想政治教育话语体系创新需警惕"运动化"陷阱

改革开放以来,我们经历了历史上最深刻的伟大变革,特别是进入新时代以来,新的实践与新的问题呼唤新的有阐释力、传播力、引领力的思想政治教育话语。可以说,思想政治教育话语体系的创新是一项重大而紧迫的课题。但思想政治教育话语体系的建构不是一蹴而就的,更不是一劳永逸的,不能希冀于"毕其功于一役"。认识不到这一点,思想政治教育话语体系的创新就可能落入"运动化"的陷阱。思想政治教育话语体系建设与创新"绝非'造词运动',其所要求的,是高质量的、创新的、久久为功的学术研究"①。马克思主义认为,人的实践活动是合规律性与合目的性的统一。因此思想政治教育话语体系的创新是一个合规律性与合目的性相统一的过程,要将遵循思想政治教育话语体系生成和发展规律与增强学术自觉意识统一起来。一方面,创新思想政治教育话语体系必须遵循话语体系的生成与发展规律。从话语的本体论看,话语归根结底决定于"人们的物质生活条件以及竖立其上的实践活动"②。如果离开支撑话语体系创新的社会实践变革,话语创新与话语体系建构很容易进入一种游离于社会现实之外的无根状态,

---

① 沈壮海.学术话语体系建设的理与路[N].贵州民族报,2017-2-13(3).
② 陈曙光,陈雪雪.话语哲学引论[J].中共中央党校(国家行政学院)学报,2019(2):54.

成为一种从概念到概念的"造词运动"与"文字游戏"。"不是话语塑造现实,而是现实塑造话语。"①思想政治教育话语体系必须以严谨的态度、科学的方法,在鲜活的现实与客观的实践发展中实现创新发展。另一方面,创新思想政治教育话语体系必须增强学术自觉意识。话语不是既成的,话语体系也并非定在的,这表现为思想理论工作者在使用概念与创造术语上。话语生成后也并非一成不变,而是处于变动不居之中,这表现为思想政治工作者对话语内涵与意义的丰富与发展。因此,无论话语的生成与发展,还是话语的转换与创新,都离不开话语言说主体内在的强大的自觉意识,思想政治教育话语体系应在具有高度自觉意识的理论研究者和实践者的推动下,在不断证实与证伪的历史进程中,渐改渐进、内生演化而实现创新发展。

二、新时代思想政治教育话语体系创新需警惕"空心化"陷阱

相较于哲学社会科学的其他学科,例如社会学、政治学、传播学等,思想政治教育学科建立时间较短,学科发展规范程度较弱。一方面,这使得思想政治教育话语体系的研究有借鉴其他哲学社会科学话语的必要,有参考其他哲学社会科学学科话语体系建构路径的需要。另一方面,这使得思想政治教育话语体系研究很容易从哲学社会科学其他学科的话语表述中获得某些现成的话语,继而简单嫁接到思想政治教育学科中来,很容易将抽象出来的哲学社会科学其他学科话语体系构建的普遍性原则不加转化地运用于思想政治教育的话语体系构建与创新研究中来,从而弱化思想政治教育的学科属性,使其话语体系的创新发展有掉入"空心化"陷阱的风险,成为丧失思想政治教育学科特有属性、脱离思想政治教育实际的空洞口号。对此,需要予以警惕。我们只有树立强烈的思想政治教育"本学科意识",特别是树立强烈的本学科问题质量意识,在批判、反思哲学社会科学其他学科话语体系建构原则、创新路径的基础上,克服对哲学

---

① 陈曙光,陈雪雪.话语哲学引论[J].中共中央党校(国家行政学院)学报,2019(2):53.

社会科学其他学科话语的过度依赖,坚持从特有的思想政治教育历史与生动的时代实践出发,思想政治教育话语体系创新发展的触角才有可能伸向"真正问题"与"现实经验",思想政治教育话语体系的创新发展才能真正获得"中国实践"与"中国经验"的有力支撑。

| 结　语 |

新时代思想政治教育话语体系的发展趋势

马克思主义历史观与话语体系的创新发展具有不可分离的性质,我们对于新时代思想政治教育话语体系发展趋势的认识与把握不能离开马克思主义历史观。纵观人类历史上不同社会形态下的话语体系,有的话语体系历经历史的长廊,虽经波折,却延续至今,依然闪耀着智慧的光芒并频频出场;有的话语体系虽盛极一时,不可一世,却最终走向了历史的迷途,销声匿迹。通过检视那些具有强大生命力与传播力的话语体系可以发现,它们的发展都遵循了一定的历史必然性,呈现出清晰的发展趋势。这种发展趋势主要体现在主体性、公共性、历史性、世界性四个主要维度上,新时代思想政治教育话语体系的发展趋势也不例外,也将在主体性、公共性、历史性、世界性的凸显中走向历史与时代的深处。

新时代思想政治教育话语体系的发展要进一步凸显主体性。在马克思主义历史观的理论视野中,作为"属人的存在"与"为人的存在"的话语是人的实践的产物,而人是社会的人、历史的人,因此话语不是随意生成,而是在作为主体的人的历史性、社会性实践中生成。全球化时代,丧失主体性的话语体系必将离场。因此,对于任何哲学社会科学话语体系来说,其发展趋势必须彰显主体性。就思想政治教育话语体系而言,其主体性主要体现在三个方面:其一,这种主体性要求彰显思想政治教育的学科风格与学科气派。话语天然具有扩张、蔓延的欲望,在全球化时代,蕴含着特定政治目的的话语体系尤为如此。全球化时代话语体系的交锋、交融不可避免,甚至弱势话语被强势话语所替代也并不鲜见,全球化并不必然导致话语体系同质化的结果,但话语体系一定程度上被异质话语体系冲击、甚至被同化的风险却是客观存在的。因此,推动思想政治教育话语体系的创新发展必须在凸显其主体性的过程中才能实现。随着思想政治教育学术共同体群体理论自觉意识的不断增强,其话语体系也必将在愈加彰显本学科特色、风格与气派的进程中获得进一步发展。其二,这种主体性要求增强群体自觉意识,并基于马克思主义宝贵的理论品格与传承中华优秀传统文化的独特话语基因来发展思想政治教育话语体系,要求通过创新的思想政治教育概念、范畴与术语来发展马克思主义与传承中华优秀传统文化。其三,这种主体性还要求思想政治教育话语体系对内发挥维护国家安全和丰富人们精神生活的作用。当马克思主义理论体系受到诘难和攻击时,彰显主体性的思想政治教育话语体系可以在新的形势下对自身的理论体系及主流价值进行有效辩护,可以化"被动"为"主动",筑牢人民的思想防线,打牢人们的思想根基,满足人的精神需求,丰富人的精神世界,促进人的精神生活发展。对外可以使表征当代马克思主义的思想政治教育话语体系在世界上的吸引力、说服力、传播力不断增强,让思想政治教育话语体系中的核心话语、经典话语以及话语体系内蕴的核心价值得到国际社会理解与认同。

新时代思想政治教育话语体系发展要进一步凸显公共性。从话语的最初形式——语言的产生来看,话语具有公共性。马克思和恩格斯在《德意志意识形态》中指出:"语言是一种实践的、既为别人存在因而也为我自身而存在的、现实的意识。语言也和意识一样,只是由于需要,由于和他人交往的迫切需要才产生的。"①循着马克思和恩格斯的思想逻辑与理论视野可知,此论述至少蕴含三层含义:第一,语言具有悠久的历史;第二,语言是一种意识,这种意识具有三个特征,这种意识是实践的,而非抽象的,这种意识具有为"我"与"他者"存在的双重属性。这种意识是具有现实性的,而非虚幻的。第三,语言的产生源于作为主体的人的需要,这种

---

① 马克思,恩格斯.马克思恩格斯选集(第1卷)[M].中共中央马克思恩格斯列宁斯大林著作编译局,编译.北京:人民出版社,2012:161.

需要尤指人的交往需要。据此可知,话语是根据人的交往需要产生的,具有鲜明的社会性、公共性。话语的公共性不仅使得社会个体之间的信息、思想、情感交流得以实现,也使得民族的文化得以赓续与传播,还使得一定共同体文化的传承与创新得以实现。特别是人类社会发展愈加交融紧密的今天,超越民族、国家的文化交流与传播形成了不同层次共同体之间话语体系的公共性。可以说,话语体系的公共性是主体性话语体系得以对话、沟通的重要条件。离开话语体系的公共性既是不可能的,也是不可为的。作为公共精神凸显的思想政治教育,其话语体系发展趋势必然是进一步凸显公共性。具体表现在两个方面:一是思想政治教育话语体系的发展要在转换上下功夫,进一步与世界接轨,敢于打破话语壁垒,以国际社会通用的话语体系形式逻辑与国际社会主流话语对话,积极调试话语言说方式,提高言说的话语体系形式的公共性。二是思想政治教育话语体系的发展要注重内容的公共性。超越个人和民族的个性,以历史性与世界性的视野,关怀聚焦全球性的公共性问题,如"人类命运共同体"等,主动设置、积极引导、深入阐释国际社会普遍关心的"共同性议题",提炼具有通约性、共同性、互适性的概念、范畴与术语。

新时代思想政治教育话语体系发展要进一步凸显历史性。任何一种话语体系不是无根的生成,而是有根的发展。话语体系的发展不会也从来不可能割裂话语体系的历史。一定的话语体系总是在一定历史文化的继承下得到不断发展。无论从应然上看,抑或从实然上讲,社会主义的理论话语体系都不可能越过资本主义理论话语体系而生成,更遑论发展。从实然上讲,正是基于对资本主义理论及其话语的批判、建构与超越三重逻辑的遵循与把握,社会主义话语体系才得以生成并不断发展,科学社会主义才得以焕发出话语智慧之光与磅礴伟力。同样,从西方内部话语来审视,新自由主义的话语言说内容与言说方式也是从西方古典自由主义话语体系脱胎而来,并在此基础上不断演化发展。历史上看,无论新民主主义革命时期的思想政治教育话语体系,抑或社会主义建设时期的思想政治教育话语体系、改革开放新时期的思想政治教育话语体系,还是中国特色社会主义进入新时代的思想政治教育话语体系,均为特定历史阶段产生的话语体系。而任一历史阶段的话语体系都不是孤立式、非历史的生成与演化,而是历史的、连续的产生与发展,都建立在对前一阶段话语体系的继承上。正如历史是世代的交替和每代人的"继承式"活动方式,新时代思想政治教育话语体系发展也是在继承的基础上发展。新时代思想政治教育话语体系必将在继承马克思主义经典话语体系、思想政治教育学科创立以来的话语体系、中国共产党在不同历史时期形成的话语体系、中华优秀传统文化话语体系基础上不断发展。

新时代思想政治教育话语体系发展要进一步凸显世界性。新时代思想政治教育话语体系的创新发展对内要提升引领社会舆论的能力,对外要提升展示文化魅力、讲好中国故事、塑造良好国际形象的能力,变中国景观、中国形象"他塑"为"自塑",走出中国实践、中国道路频频被"他者"定义、形塑的困境。需要特别指出的是,新时代思想政治教育话语体系世界性的凸显要冲出"西方中心主义"的樊篱,但不是走向"东方中心主义",而是要澄清事实,进而向世界展示一个真实的中国、立体的中国、全面的中国。话语体系天然具有超出特定话语边界向外传播、扩张的属性与冲动,因此,从横向的世界性维度来看,话语体系一旦与其他话语体系发生碰撞,交融交锋甚至冲突就在所难免。结果无非两种,发生冲突,一种话语体系取代另一种话语体系;相互融合。从世界范围来看,从话语体系交融与冲突的广度与深度来看,无论话语体系的冲突还是融合,在资本主义之前,要么是区域性的,要么交融与冲突的深度并不明显。从推动话语体系交融与冲突的因素来看,在资本主义之前,也是不同的。资本主义之前主要是战争与区域性的商贸,以东方社会为例,春秋战国诸侯争霸、大汉王朝北击匈奴、元朝版图扩张等等,虽然一定程度上进行了文化的交锋与交融,但其话语体系的融合与取代并不明显。亚历山大东征虽然也使得马其顿版图扩张,但其话语体系的交融与取代也不明显。资本主义产生之后,凭借"商品语言来表达它的思想"①的话语体系,资本主义的话语体系成为全球主导的"中心"话语体系。新时代,思想政治教育话语体系与世界其他民族的交流交往必然会增强。随着世界多极力量的增长与多种声音的鼓呼,国际社会的多元话语体系正在逐步形成,当今世界话语格局也呈现松动迹象。特别是进入 21 世纪以来,中国姿态在国际舞台上频频亮相,中国话语在世界交往场域中屡次出场,中国奇迹让国际目光聚焦东方,中国贡献使国际社会大为赞叹,内源性支撑起思想政治教育话语体系的中国特色社会主义道路、理论、制度、文化,正在国际社会交往中得到越来越多的肯认与赞赏。从历史发展的必然性出发,为人民言说的新时代思想政治教育话语体系站在了历史的制高点,是顺应与彰显人类社会历史发展规律的话语体系,拥有话语的真理性与道义性。因此,在国际话语交往中彰显世界性,要坚持马克思主义的立场、观点和方法,坚定话语自信,以开放的胸襟与严谨的批判精神审视与借鉴国外话语体系。在变中国景观与中国形象"他塑"为"自塑"过程中,缩小思想政治教育话语出场间距,使彰显中国方案与中国智慧的话语持续出场,从而推动新时代思想政治教育话语体系的创新发展。

---

① 　马克思,恩格斯.马克思恩格斯文集(第 8 卷)[M].中共中央马克思恩格斯列宁斯大林著作编译局,编译.北京:人民出版社,2009:67.

参考文献

［1］ Gramsci A. Selections from cultural writings［M］. Trans by W. Boelhower. London：Lawrence & Wishart，1985：30，174，177，178，183，184.

［2］ Gramsci A. Selections from the prison notebooks［M］. Eds and Trans by Q. Hoare & G. Smith. New York：International Publishers. 1971：450.

［3］ Lo Piparo F. Language，Intellectuals and Hegemony in Gramsci ［M］. Bari：Laterza，1979：135.

［4］ 巴赫金.巴赫金全集（第5卷）［M］.白春仁，顾亚铃，译.石家庄：河北教育出版社，1998：378，379.

［5］ 巴赫金.陀思妥耶夫斯基诗学问题［M］.白春仁，等译.北京：生活·读书·新知三联书店，1988：343.

［6］ 巴赫金.对话理论及其他［M］.蒋子华，张萍，译.天津：百花文艺出版社，2001：17.

［7］ 毕红梅，付林溪.新媒体语境下高校思想政治教育话语转换探析［J］.思想教育研究，2015(5)：12-15.

［8］ 布朗.福柯［M］.聂保平，译.北京：中华书局，2002：44.

［9］ 蔡曙山.再论哲学的语言转向及其意义——兼论分析哲学到语言哲学的发展［J］.学术界，2006(4)：20.

［10］ 陈金龙.中国特色社会主义话语体系的建构［N］.中国社会科学报，

2019-9-3(8).

[11] 陈开举.从语境看阐释的有限与无限[J].社会科学辑刊,2020(6)：45,48.

[12] 陈曙光,陈雪雪.话语哲学引论[J].中共中央党校(国家行政学院)学报,2019 (2)：51,52,53,54,55.

[13] 陈曙光,周梅玲.论中国道路的话语体系建构[J].思想理论教育,2016(1)：10,14.

[14] 陈曙光.理论与话语[J].中共中央党校(国家行政学院)学报,2018 (3)：36.

[15] 陈曙光.论中国话语的生成逻辑及演化趋势[J].马克思主义研究,2016(10)：95,98.

[16] 陈曙光.现代性建构的中国道路与中国话语[J].哲学研究,2019 (11)：23.

[17] 陈曙光.政治话语的西方霸权:生成与结构[J].政治学研究,2020 (6)：38.

[18] 陈曙光.中国道路开启现代性文明的新形态[J].江海学刊,2020(3)：46,48.

[19] 陈曙光.中国时代与中国话语[J].马克思主义研究,2017(10)：66.

[20] 陈太胜.巴赫金对话理论的人文精神[J].学术交流,2000 (1)：109,344.

[21] 陈万柏,张耀灿.思想政治教育学原理[M].北京:高等教育出版社,2015：7.

[22] 陈伟光,王燕.全球经济治理中制度性话语权的中国策[J].改革,2016(7)：25-37.

[23] 陈锡喜.马克思主义:意识形态和话语体系[M].上海:华东师范大学出版社,2011：40.

[24] 陈占安.我见证了马克思主义理论学科的发展——兼论强化新时代高校思想政治理论课的学科支撑[J].思想理论教育导刊,2020

(10)：95.

[25] 戴伊克.社会心理话语[M].施旭,冯冰,编译.北京:中华书局,1993：
11,208.

[26] 德勒兹,迦塔利.什么是哲学[M].张祖建,译.长沙:湖南文艺出版
社,2007：74.

[27] 邓黎,张澍军.论思想政治教育话语体系的基本功能[J].思想政治教
育研究,2018(2)：39-43.

[28] 杜敏.思想政治教育话语权研究[D].兰州:兰州大学,2018：75.

[29] 费尔克拉夫.话语与社会变迁[M].殷晓蓉,译.北京:华夏出版社,
2003：12,40.

[30] 冯刚.深化新时代思想政治教育基础理论研究[J].思想政治教育研
究,2020(1)：2-3.

[31] 冯俊,等.后现代主义哲学讲演录[M].北京:商务印书馆,2003：
417.

[32] 冯志伟.现代语言学流派[M].西安:陕西人民出版社,1987：158.

[33] 福柯.规训与惩罚[M].刘北成,等译.北京:生活·读书·新知三联
书店,1999：29-30.

[34] 福柯.知识考古学[M].谢强,马月,译.北京:生活·读书·新知三联
书店,2003：143.

[35] 伽达默尔.诠释学Ⅰ:真理与方法[M].洪汉鼎,译.北京:商务印书
馆,2019：12.

[36] 高鑫.思想政治教育话语体系结构探析[J].思想教育研究,2017(3)：
25-30.

[37] 葛红兵.思想政治教育话语体系研究[M].北京:中国文史出版社,
2016：23.

[38] 葛兰西.狱中札记[M].曹雷雨,等译.北京:中国社会科学出版社,
2000：250.

[39] 顾海良.高校思想政治理论课程体系的演化及其基本特点[J].教学

与研究,2007(2):6.

[40] 顾海良.思想认识新基点 教育创新新平台[J].教学与研究,2006(6):17.

[41] 郭湛,桑明旭.话语体系的本质属性、发展趋势与内在张力——兼论哲学社会科学话语体系建设的立场和原则[J].中国高校社会科学,2016(3):28.

[42] 郭湛.主体性哲学:人的存在及其意义[M].昆明:云南人民出版社,2002:30-31.

[43] 郭忠华,许楠.政治学话语分析的类型、过程与层级——对建构中国国际话语权的启示[J].探索,2020(3):78.

[44] 哈贝马斯.交往行为理论:行为合理性与社会合理性[M].曹卫东,译.上海:上海人民出版社,2004:95.

[45] 哈贝马斯.交往与社会进化[M].张博树,译.重庆:重庆出版社,1989:67.

[46] 海沃德.政治学核心概念[M].吴勇,译.北京:中国人民大学出版社,2014:11.

[47] 韩非.韩非子[M].沈阳:辽宁教育出版社,1997:12.

[48] 韩庆祥.话语建设的核心首要是理论建设[J].理论视野,2018(10):18.

[49] 韩庆祥.话语体系建构的核心要义与内在逻辑[N].学习时报,2016-10-31(4).

[50] 韩震.论话语的内涵、实质及功能[J].哲学研究,2018(12):118,121.

[51] 侯惠勤.冲突与整合:如何认识我国社会主义改革实践过程对人们思想的影响[M].北京:中国人民大学出版社,2004:229.

[52] 侯惠勤.关于中国特色哲学社会科学的思考[J].世界社会主义研究,2016(1):41-42.

[53] 侯惠勤.马克思的意识形态批判与当代中国[M].北京:中国社会科

学出版社,2010：68.

[54] 侯惠勤.意识形态话语权初探[J].马克思主义研究,2014(12)：5-12.

[55] 侯惠勤.哲学与意识形态领导权[J].马克思主义研究,2019(3)：12,15.

[56] 侯丽羽,张耀灿.论思想政治教育话语的三种基本形态[J].马克思主义研究,2018(12)：143,145,147.

[57] 侯勇.权力话语与话语权力:思想政治教育话语权建构与转型[J].理论与改革,2016(3)：133-137.

[58] 胡春阳.话语分析:传播研究的新路径[M].上海:上海人民出版社,2007：251.

[59] 胡永嘉,聂伟,马志伟.结合当前青年话语特点改进高校思想政治话语体系建设[J].中国领导科学,2017(8)：34-37.

[60] 胡正荣,等.传播学总论[M].北京:清华大学出版社,2008：41.

[61] 霍尔.表征——文化表象与意指实践[M].徐亮,陆兴华,译.北京:商务印书馆,2003：44.

[62] 吉.话语分析导论:理论与方法[M].杨炳钧,译.重庆:重庆大学出版社,2011：12,22.

[63] 克里斯特尔.现代语言学词典[Z].沈家煊,译.北京:商务印书馆,2000：111.

[64] 克罗齐.美学原理[M].朱光潜,译.上海:上海人民出版社,2007：191.

[65] 拉斯韦尔.社会传播的结构与功能[M].何道宽,译.北京:中国传媒大学出版社,2013：1.

[66] 勒庞.乌合之众:大众心理研究[M].陈天群,译.南昌:江西人民出版社,2010：49.

[67] 李辽宁.论中国特色思想政治教育话语体系的传承与创新[J].学校党建与思想教育,2013(10)：30-32.

[68] 李萌.正确认识高校思想政治理论课话语体系建设的重大意义[J].

思想理论教育导刊,2017(1)：78-81.

[69] 李庆华,李志飞.论思想政治教育话语权[J].教学与研究,2016(7)：89-94.

[70] 李永虎.语言、历史与霸权：葛兰西对马克思主义语言学的建构[J].海南大学学报(人文社会科学版),2017(3)：10,11.

[71] 梁凯音,刘立华.跨文化传播视角下中国国际话语权的建构[J].社会科学,2020(7)：139.

[72] 列宁.列宁全集(第 25 卷)[M].中共中央马克思恩格斯列宁斯大林著作编译局,编译.北京：人民出版社,1988：117.

[73] 列宁.列宁选集(第 4 卷)[M].中共中央马克思恩格斯列宁斯大林著作编译局,编译.北京：人民出版社,1972：206,457.

[74] 刘爱玲.互联网视域下思想政治教育场域的转换与重构[J].思想理论教育导刊,2020(6)：135-138.

[75] 刘建军.论思想政治教育内容的基本形态[J].思想理论教育导刊,2020(9)：111-115.

[76] 刘建军.社会主义核心价值观对思想政治教育的话语启示[J].当代中国价值观研究,2016(2)：35,36.

[77] 刘建军.思想政治教育的话语转换的三重基础[J].思想理论教育导刊,2016(5)：120.

[78] 刘建军.思想政治教育的话语转换及其路径[J].安徽师范大学学报(人文社会科学版),2016(4)：397,398.

[79] 刘同舫.学术话语体系创新的五个维度[N].中国社会科学报,2019-8-22(1).

[80] 刘雪丽,朱有义.巴赫金对话理论视阈下主体的自我建构[J].俄罗斯文艺,2019(4)：121.

[81] 刘勇,郑召利.中国话语体系的结构分析及其构建路径[J].宁夏社会科学,2018(5)：5.

[82] 卢卡奇.审美特性[M].徐恒醇,译.北京：社会科学文献出版社,

2015：1.

[83] 卢文忠.高校思想政治理论课话语体系的结构形式及其优化[J].中国高等教育,2017(11)：29-31.

[84] 路向峰.论葛兰西文化领导权理论的出场语境与价值向度[J].教学与研究,2016(8)：97.

[85] 骆郁廷,郭莉."立德树人"的实现路径及有效机制[J].思想教育研究,2013(7)：45.

[86] 骆郁廷.论立场[J].马克思主义研究,2020(9)：5.

[87] 吕洁,陈开举.语境参数、文本阐释与意义确证——论语境对阐释的约束[J].哲学研究,2020(8)：90.

[88] 马克思,恩格斯.马克思恩格斯全集(第17卷)[M].中共中央马克思恩格斯列宁斯大林著作编译局,编译.北京：人民出版社,1963：455.

[89] 马克思,恩格斯.马克思恩格斯全集(第30卷)[M].中共中央马克思恩格斯列宁斯大林著作编译局,编译.北京：人民出版社,1974：103-104.

[90] 马克思,恩格斯.马克思恩格斯全集(第3卷)[M].中共中央马克思恩格斯列宁斯大林著作编译局,编译.北京：人民出版社,1960：53,54,525.

[91] 马克思,恩格斯.马克思恩格斯全集(第40卷)[M].中共中央马克思恩格斯列宁斯大林著作编译局,编译.北京：人民出版社,1960：289.

[92] 马克思,恩格斯.马克思恩格斯文集(第10卷)[M].中共中央马克思恩格斯列宁斯大林著作编译局,编译.北京：人民出版社,2009：7.

[93] 马克思,恩格斯.马克思恩格斯文集(第1卷)[M].中共中央马克思恩格斯列宁斯大林著作编译局,编译.北京：人民出版社,2009：286.

[94] 马克思,恩格斯.马克思恩格斯文集(第2卷)[M].中共中央马克思恩格斯列宁斯大林著作编译局,编译.北京：人民出版社,2009：271.

[95] 马克思,恩格斯.马克思恩格斯文集(第5卷)[M].中共中央马克思恩格斯列宁斯大林著作编译局,编译.北京：人民出版社,2009：269.

［96］马克思,恩格斯.马克思恩格斯文集(第 8 卷)［M］.中共中央马克思恩格斯列宁斯大林著作编译局,编译.北京:人民出版社,2009:67.

［97］马克思,恩格斯.马克思恩格斯文集(第 9 卷)［M］.中共中央马克思恩格斯列宁斯大林著作编译局,编译.北京:人民出版社,2009:550,552,553.

［98］马克思,恩格斯.马克思恩格斯选集(第 1 卷)［M］.中共中央马克思恩格斯列宁斯大林著作编译局,编译.北京:人民出版社,2012:135,144,145,146,151,152,161,162,180,328,411,423,424.

［99］马克思,恩格斯.马克思恩格斯选集(第 2 卷)［M］.中共中央马克思恩格斯列宁斯大林著作编译局,编译.北京:人民出版社,2012:158,684.

［100］马克思,恩格斯.马克思恩格斯选集(第 3 卷)［M］.中共中央马克思恩格斯列宁斯大林著作编译局,编译.北京:人民出版社,2012:873,992,1003.

［101］马克思,恩格斯.马克思恩格斯选集(第 4 卷)［M］.中共中央马克思恩格斯列宁斯大林著作编译局,编译.北京:人民出版社,2012:106,222.

［102］马晓.高校思想政治理论课话语体系转型浅析［J］.郑州大学学报(哲学社会科学版),2015(6):18-20.

［103］毛泽东.毛泽东选集(第 1 卷)［M］.北京:人民出版社,1991:296.

［104］毛泽东.毛泽东选集(第 3 卷)［M］.北京:人民出版社,1991:850.

［105］孟子.孟子［M］.任大援,等注译.合肥:安徽人民出版社,2002:238.

［106］墨翟.墨子［M］.沈阳:辽宁教育出版社,1997:3,33,71,112.

［107］倪瑞华.由独话到对话:高校思想政治理论课教学话语体系的重建［J］.国家教育行政学院学报,2012(10):47-50.

［108］欧力同.哈贝马斯的"批判理论"［M］.重庆:重庆出版社,1997:258.

[109] 皮尔索尔.新牛津英汉双解大词典[Z].编译出版委员会,编译.上海:上海外语教育出版社,2007:601.

[110] 钱伯城.韩愈文集导读[M].成都:巴蜀书社,1993:47.

[111] 秦志龙,王岩.意识形态领导权、管理权、话语权关系研究[J].宁夏社会科学,2017(6):17-21.

[112] 邱仁富.论思想政治教育话语的基本命题[J].济南大学学报(社会科学版),2010(2):69-74.

[113] 邱仁富.思想政治教育话语创新论[J].电子科技大学学报(社科版),2010(5):96.

[114] 任平.脱域与重构:反思现代性的中国问题与哲学视域[J].现代哲学,2010(5):6.

[115] 沈壮海.建设具有自己特色的学术话语体系[N].光明日报,2016-7-1(2).

[116] 沈壮海.思想政治教育有效性研究[M].武汉:武汉大学出版社,2016:17,72,81,82,89,95,96,126.

[117] 沈壮海.学术话语体系建设的理与路[N].贵州民族报,2017-2-13(3).

[118] 史姗姗.思想政治教育话语权研究[D].武汉:武汉大学,2014:76,79,80,85.

[119] 孙来斌.论"人类命运共同体"与马克思共同体思想的关系[J].马克思主义研究,2019(12):35.

[120] 孙晓琳.新时代思想政治教育话语发展研究[D].长春:东北师范大学,2019:27,29.

[121] 谭斌.试论"话语"一词的含义[J].兰州大学学报(社会科学版),2002(1):72.

[122] 田心铭.学科体系、学术体系、话语体系的科学内涵与相互关系[N].光明日报,2020-5-15(11).

[123] 万美容,吴倩.新时代思想政治教育基础理论创新研究如何深化发

展？——第一、二届"新时代思想政治教育基础理论创新论坛"综述［J］.思想教育研究,2020(1)：155.

［124］王建刚.狂欢诗学——巴赫金文学思想研究［M］.上海：学林出版社,2001：44.

［125］王金伟.基于"大国方略"课程教学模式的高校思想政治理论课话语体系研究——以上海大学实践探索为例［J］.思想教育研究,2016(1)：48-51.

［126］王茂胜.思想政治教育评价论［M］.北京：中国社会科学出版社,2006：178.

［127］王敏.思想政治教育接受论［M］.武汉：湖北人民出版社,2016：180-181.

［128］王伟光.建设中国特色的哲学社会科学话语体系［N］.中国社会科学报,2013-12-20(3).

［129］王延隆.网络流行语与思想政治教育的话语变革［J］.中国青年研究,2015(3)：77-81.

［130］文贵良.何谓话语［J］.文艺理论研究,2008(1)：51.

［131］吴海江.论高校思想政治理论课话语体系的创新［J］.思想理论教育,2014(1)：60-64.

［132］习近平.大力学习弘扬焦裕禄精神继续推动教育实践活动取得实效［N］.人民日报,2014-3-19(1).

［133］习近平.决胜全面建成小康社会 夺取新时代中国特色社会主义伟大胜利——在中国共产党第十九次全国代表大会上的报告［M］.北京：人民出版社,2017：11,49.

［134］习近平.青年要自觉践行社会主义核心价值观——在北京大学师生座谈会上的讲话［N］.人民日报,2014-5-5(2).

［135］习近平.深入学习中国特色社会主义理论体系 努力掌握马克思主义立场观点方法［J］.求是,2010(7)：17-24.

［136］习近平.习近平谈治国理政(第1卷)［M］.北京：外文出版社,2018：

155-156.

[137] 习近平.习近平谈治国理政(第 2 卷)[M].北京:外文出版社,2017:336.

[138] 习近平.习近平谈治国理政(第 3 卷)[M].北京:外文出版社,2020:70,76,134.

[139] 习近平.携手建设更加美好的世界[N].人民日报,2017-12-1(2).

[140] 习近平.在哲学社会科学工作座谈会上的讲话[N].人民日报,2016-5-19(2).

[141] 向绪伟.现代思想政治教育话语研究[D].南昌:南昌大学,2015:35.

[142] 徐勇,任路.构建中国特色政治学:学科、学术与话语——以政治学恢复重建历程为例[J].中国社会科学,2021(2):176.

[143] 许慎,段玉裁.说文解字注(上)[M].南京:凤凰出版社,2007:160,167.

[144] 许苏明.论思想政治教育的话语转换[J].东南大学学报(哲学社会科学版),2014(2):5.

[145] 荀况.荀子[M].沈阳:辽宁教育出版社,1997:17-18.

[146] 闫彩虹,孙迎光.我国思想政治教育话语研究热点及展望——基于 CNKI 中 CSSCI 的文献计量分析[J].社会主义研究,2020(2):159.

[147] 严书翰.加强我国哲学社会科学话语体系建设要遵循规律[J].党的文献,2016(4):48.

[148] 杨伯峻.论语译注[M].北京:古籍出版社,1958:69,78,140,145,162,194.

[149] 杨鲜兰.构建当代中国话语体系的难点与对策[J].马克思主义研究,2015(2):60.

[150] 杨飏.大学生价值观变迁视野下的高校思想政治教育话语体系构建[J].思想教育研究,2017(12):70-73.

[151] 叶嘉莹,刘在昭.顾随讲《文选》[M].石家庄:河北教育出版社,
2012:113.

[152] 于春海.易经[M].长春:吉林文史出版社,2010:191-192.

[153] 元林,段海超.思想政治教育传播话语的建构功能及实现路径[J].
高校理论战线,2012(9):50-52.

[154] 张斌,骆郁廷.大学生日常思想政治教育长效机制的构建[J].思想
教育研究,2010(2):22.

[155] 张国启,王忠桥.论思想政治教育学科的话语体系及其转换维度
[J].学校党建与思想教育,2014(1):11-14.

[156] 张国启.论思想政治教育学原理话语体系的转换维度[J].思想理论
教育,2016(5):23-27.

[157] 张小劲,景跃进.比较政治学导论[M].北京:中国人民大学出版
社,2008:103-104.

[158] 张艳新.论思想政治教育话语权的运作逻辑[J].思想教育研究,
2017(12):60-64.

[159] 张耀灿,郑永廷,等.现代思想政治教育学[M].北京:人民出版社,
2006:136,137.

[160] 张耀灿.坚持为人为学统一 促进优良学风形成[J].思想教育研究,
2016(7):3.

[161] 张智,刘建军.习近平的群众风格语言及其对宣传思想工作话语的
启示[J].中国特色社会主义研究,2017(3):62.

[162] 郑永年,杨丽君,徐勇,等."如何构建中国特色哲学社会科学体系"
(笔谈之一)[J].文史哲,2019(1):5-6.

[163] 郑永廷,曹群.坚持思想政治教育学科的话语权与主导权[J].思想
理论教育,2015(3):45-48.

[164] 中共中央党史和文献研究院.十八大以来重要文献选编(下)[M].
北京:中央文献出版社,2018:324.

[165] 中共中央文献研究室编.习近平关于全面深化改革论述摘编[M].

北京：中央文献出版社，2014：85.

[166] 中国社会科学院语言研究所编辑室.现代汉语词典(第7版)[Z].北京：商务印书馆，2016：564,1288,1600.

[167] 周恩来.周恩来选集(下)[M].北京：人民出版社，1984：61.

[168] 朱继东,李艳艳.打造中国哲学社会科学学术话语体系必须防止的几种倾向[J].红旗文稿，2012(21)：4.

[169] 朱喆,王芳.历史自觉与思想政治教育话语体系创新发展[J].思想教育研究，2020(12)：43-47.

[170] 庄孔韶.人类学概论[M].北京：中国人民大学出版社，2006：180.

后 记

本书成稿之际，我要向关心、支持我的老师、同门、朋友和家人致以诚挚的谢意。

感谢我的导师秦在东教授。庆幸自己可以成为老师的学生。在我遇到思想困惑之时，老师引导我要"风物长宜放眼量"。当我遭受委屈之时，老师告诉我"不要怕，有老师在"。老师是我的精神港湾。我要感谢我的师母黄老师，她对我的关心让我在他乡了却乡思，倍感温暖。感谢桂子山上的师长，谢谢刘宏达老师、毕红梅老师、陈华洲老师、谢守成老师对我的指导和帮助。中国人民大学陈先达老师、刘建军老师的系列研究成果常常引我思入时代与历史的深处；北京大学孙来斌老师关于列宁研究的系列重大成果给我很大启迪，孙老师学贯中西，治学严谨，发思想先声，引学界潮流。我必须向学者前辈致敬。

感谢浙江大学马克思主义学院领导和同事的温暖帮助。

感谢家人给予我的支持。家人是我前进道路上的强大精神动力。

最后感谢所有鼓励、支持、关心我的师长和亲人、朋友。情之所至，话语未达。

靳思远

二〇二四年一月于浙江大学玉泉校区